J. W. von Müller

Lehrbuch der kosmischen Physik mit 302 in den Text eingedruckten

J. W. von Müller

Lehrbuch der kosmischen Physik mit 302 in den Text eingedruckten

ISBN/EAN: 9783744674669

Hergestellt in Europa, USA, Kanada, Australien, Japan

Cover: Foto ©ninafisch / pixelio.de

Weitere Bücher finden Sie auf **www.hansebooks.com**

Lob der Narrheit

aus dem Lateinischen
des
Erasmus von Rotterdam,

übersetzt und mit Anmerkungen begleitet
von
Wilhelm Gottlieb Becker.

Mit 83 Holzschnitten, nach Holbeins Figuren
neuerdings abgezeichnet.

Basel
gedruckt mit Haasischen Schriften
bei Johann Jacob Thurneysen, Jünger.

M. DCC. LXXX.

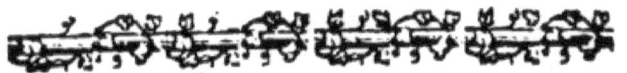

An Herrn Stadtschreiber
Pokarus,
zu Weida im Vogtlande.

Basel unternahm ich mit wahrem Vergnügen die Uiberſetzung von Erasmus Encomium Moriæ, und da ich überzeugt ſeyn konnte, daß Ihnen auch im Deutſchen Gewande ein Werk Vergnügen machen werde, das Sie ſchon im Original beluſtiget hat, ſo entſtand in mir der Gedanke, meine Uiberſetzung davon Ihnen zuzueignen. Nehmen Sie ſie alſo ſo freundſchaftlich auf, wie ich ſie Ihnen übergebe, und laſſen Sie ſelbige eine Arzenei auf einige unangenehme Stunden ſeyn, die Ihre Amtsgeſchäfte bisweilen mit ſich bringen. Uibel nehmen müſſen Sie es aber nicht, wenn Sie und Ihre Amtsbrüder nebenbei auch ſo einen kleinen Hieb mit wegbekommen.

Möchten doch Themis und die Musen einer nähern Versöhnung fähig seyn, daß nicht oft die treflichsten Talente unter dem Joch dieser strengen Jungfrau erstickt würden! Ich wünschte oft, wenn ich an Sie dachte, daß Ihnen Themis auf ihrer Waage mehr Zeit und weniger verdrußvolle Geschäfte zuwägen möchte, damit Sie besser mit Ihrem dichterischen Talente wuchern könnten, als es Ihnen Ihre Arbeiten erlauben. Preisen Sie mir also Ihre Göttinn nur nicht wegen ihrer Gerechtigkeit an: Sie wären ein lebendiger Beweis dagegen. Ich habe sie auch ein wenig näher kennen lernen, und deswegen konnte ich mich bis itzt noch nicht bereden, von ihrem Priesterthum mehr als die erste Tonsur anzunehmen. Gehaben Sie sich wol dabei, da Sie einmal überwunden haben: Bedenken Sie aber auch, daß die Kräfte, die in Ihnen liegen, nicht blos zu Führung von Prozessen bestimmt sind. Ich bin unverändert

Ihr

beständiger Freund,
Becker.

Vorrede
des Uiberſetzers.

Unſtreitig gehört das Lob der Narrheit unſers Erasmus zu denenjenigen Schriften, welche das meiſte Aufſehen gemacht haben. Als Werk des Genies und als Sittengemählde der damaligen Zeit, mußte es nothwendig Epoke machen. Die glückliche Erfindung, die ſchöne Schreibart, die muntere ſatiriſche Laune, welche durch das ganze Werkchen herrſcht! hätten jeden geſchmackvollen Leſer einnehmen müſſen, wenn auch nicht die treffenden Schilderungen der Sitten ſeiner Zeit, welche es doppelt intereſſant machten, dazu gekommen wären. Man muß ſich auſſerordentlich wundern, daß ſich dieſes Buch in der damaligen Zeit hat erhalten können, und daß Erasmus dabei ſo durchgewiſcht. Zum Glück aber regierte damals Pabſt Leo der Zehnte, welcher den Werth deſſelben erkannte, und es mit vielem Vergnügen las. Freilich zog eine

ganze Schaar von Feinden wider den Verfasser
zu Felde, und zwar die fürchterlichsten, die
er wider sich aufgewiegelt hatte, die Geistlichen. Wäre Erasmus nicht Erasmus gewesen, das heißt, hätte sich nicht Erasmus so
ein Ansehn erworben gehabt, daß die damaligen Zwerggelehrten vor schwindelnder Bewunderung kaum zu seiner Größe hinaufblicken
konnten: er wäre vielleicht nicht so ungestraft
davon gekommen. Man schalt ihn einen Got-
teslästerer, einen Vorgänger der Ketzer;
Erasmus vertheidigte sich in einer Schutzschrift, aber er richtete nicht viel dadurch aus:
Das Wespennest, in welches er gestochen,
war nicht so leicht zu besänftigen. Demungeachtet wurde in Paris, in Basel, und so auch
in Deutschland, Holland und England eine
Ausgabe nach der andern davon veranstaltet,
ohne daß man der fernern Ausbreitung dieser
für die Geistlichkeit allerdings gefährlichen
Schrift Einhalt gethan hätte. Die Ausgabe,

welche 1514 in Basel herauskam, war mit einer Menge Anmerkungen eines berühmten Arztes von Rhenen, Gerhard Listers, versehen, welcher ein sehr vertrauter Freund des Erasmus war. Man hat fast durchgängig geglaubt, daß Gerhard Lister blos aus Freundschaft seinen Namen dazu hergegeben, und daß Erasmus selbst der Verfaser dieser Anmerkungen sei, welche theils das Werk verständlicher zu machen, theils Beschuldigungen zu heben und Entschuldigungen vorzubringen, zur Absicht haben. So viel ist gewiß, daß die Aehnlichkeit der Schreibart in den Anmerkungen mit der Schreibart des Textes selbst, sehr übereinkömmt, und daß wenigstens kein anderer, ohne Vorwissen und Zuziehung des Erasmus, manche Anmerkung geschrieben haben kann. Zwar beklagt sich Erasmus, daß ihm Listers Kommentar mehr geschadet, als das Werkchen selbst; doch dieß konnte er auch wol nur sagen, um es desto unwahrscheinlicher zu machen, daß er selbst der Verfasser davon wäre. Eben so wenig bin ich überzeugt, daß es Erasmus, wie er in einem seiner Briefe sagt, bereut habe, das Lob der Narrheit geschrieben zu haben. „Hätte ich, sagt er, vorausgesehen, daß es zu einer Reformation Anlaß geben, oder sie nur wenigstens befördern werde, so würde ichs ganz gewiß nicht verfertiget haben: „Mich dünkt, Erasmus habe es darauf abgesehen gehabt, und ob er gleich vorgiebt, als wäre diese Scherzrede blos ein Zeitvertreib auf der Reise für ihn gewesen, so glaube ich doch, daß er sie so gut überdacht habe, als sonst eines seiner Werke. (*) Freilich ist es ein allgemeines Sittengemählde, oder eine Satire auf alle Hausstände des menschlichen Lebens: aber demungeachtet sieht man an der beissenden Bitterkeit, die darinn

(*) In Rom gab ein Franciskaner eine Schrift heraus, worinn er den Erasmus dem Luther, Zwinglius und Oecolampadius an die Seite setzt. Erasmus, sagt er, hat die Eier gelegt, und die übrigen haben sie ausgebrütet.

herrscht, daß er es vorzüglich auf den geistlichen Stand gemünzt gehabt. Mißbilligt man, daß er gegen das Ende seiner Apologie in seinen Spötteleien und Scherzen etwas zu weit gegangen; so will ich das gern einräumen: aber die etwas freie Anwendung der angeführten Bibelstellen, deren Mißbrauch sogleich jedem in die Augen fällt, und nothwendig, nach dem Sinn des Erasmus, jedem in die Augen fallen soll, ist kein bloßer Muthwille, sondern vielmehr eine Satire auf die damaligen einfältigen Bibelausleger oder Bibelverdreher, welche den Sinn der Bibel oft eben so sehr verkezerten, als sich dadurch Erasmus selbst in den Augen des geistlichen Pöbels der Gotteslästerung schuldig machte.

Was die Uibersetzung selbst anbetrift, so finde ich für nöthig, ein paar Worte darüber zu sagen. In gewisser Absicht ist diese Lobrede fast unübersetzbar, nemlich in Ansehung der satirischen Sprache auf den Stil der damaligen Gelehrsamkeitskrämer. Die Schriftsteller glaubten sich ein recht gelehrtes Ansehn dadurch zu geben, wenn sie viel griechische, auch wol gar hebräische Worte und ganze Stellen aus Schriftstellern, um ihre Sprachkunde und Belesenheit zu zeigen, mit einfliessen liessen. Dieß macht freilich den Innhalt um so viel launiger, welche Schönheit in der Uibersetzung allerdings verlohren geht. Anfangs war ich unschlüßig, ob ich dem Original treu bleiben, oder es ein wenig modernisiren wollte. Ich wählte das erstere; um ihm aber einen Reiz der Neuheit zu geben, der die Satire über die Einmischung fremder Worte in der Uibersetzung einigermassen ersetzen, und auf die Gewohnheit der gegenwärtigen Art zu reden und zu schreiben an manchen Orten und bei manchen Schriftstellern, anspielen könnte, habe ich bisweilen, wo es schicklich war, einige französische Redensarten mit eingemengt. Ich kann zwar voraussehen, daß nicht alle

Leſer, wenigſtens nicht alle Kunſtrichter damit zufrieden ſeyn werden: dieſen aber ſag' ich zum Troſte, daß es eben nicht allzuhäufig geſchehen. Uibrigens habe ich mich bemüht, meiner Uiberſetzung diejenige mögliche Laune zu geben, die nur bei einer treuen Uiberſetzung Statt fand. Die Anmerkungen, die ich beigefügt, und davon manche zum Ton des Ganzen wenigſtens nicht mißſtimmen, ſollen, hoff' ich, dem ungelehrten Leſer nicht unwillkommen ſeyn. Ich hätte vielleicht über dieß und jenes noch etwas zu ſagen; aber es mag genug ſeyn. So viel will ich nur noch hierüber erinnern, daß das Lob der Narrheit, meinen Gedanken nach, dem deutſchen leſenden Publicum kein unangenehmer Zuwachs ſeyn kann. Die Zeiten haben ſich zwar geändert, aber viele von denen darinn geſchilderten Sitten ſind ziemlich geblieben, und manche ſind wenigſtens auf neuere ſehr anwendbar.

Die eingedruckten Holzschnitte sind nach Holbeins aufs neue kopirten Zeichnungen gearbeitet, die er in dem auf der hiesigen Bibliothek befindlichen Kodex mit der Feder beygezeichnet. Sind sie nicht alle so ausgefallen, wie man sichs versprochen, so sind sie wenigstens treu kopirt und in der Grösse der Originalzeichnungen. Ulberdieß sind noch einige hinzugekommen, die bisher noch nie haben bekannt gemacht werden dürfen.

Da sich die alten lateinischen Ausgaben mit Holbeins Figuren alle vergriffen haben, so habe ich zugleich eine neue mit besorgt, welche in Ansehung des Papiers, des Drucks, und der Figuren alles mit dieser deutschen Ausgabe gemein hat. Zwei Drittel von Listers Anmerkungen, die in der damaligen Zeit nothwendig und sehr passend waren, itzt aber gröstentheils zu nichts dienen, als das Buch zu verdicken, habe ich weggelassen; die übrigen habe ich beibehalten, weil viele darunter, die schweren Stellen gut erklären, und weil sie einmal zur Geschichte dieses Werks zu gehören scheinen. Statt der vielen weggelassenen sind aber einige wenige aus dem durch Holbein berühmt und schäzbar gewordenen Kodex, zu welcher Ehre eigentlich die kleine Basler Quartausgabe von 1514 erhoben worden, beigefügt, die noch nie gedruckt worden. Sie haben einen Basler Schulmeister, Oswald Müller oder Molitor, wie er sich nach der damaligen Gewohnheit auch verlateinischte, zum Verfasser, der alsdenn nach Lucern berufen worden. Da Holbein von diesem Oswald Müller ein sehr guter Freund war, und ihn oft besuchte, so mochte er sich von ihm haben erklären lassen, was das Encomium Moriæ des Erasmus, für ein Buch sei; der Innhalt scheint ihm gefallen zu haben, weil er fast jede Art von Narren durch eine kleine Federzeichnung auf dem Rande anschaulicher zu machen gesucht hat. Manche sind vortreflich; manche nur so hingekrazt, aber doch nicht ohne Geist und lebendige Darstellung. Erasmus ließ sich das Buch mit Holbeins Zeichnungen als er davon gehört hatte, vom Oswald Müller leihen, behielt es zehen Tage bei sich, und durchsah es mit ausserordentlichem Vergnügen. Man wacht auf der hiesigen Bibliothek darüber mit Recht wie über einen wahren Schaz. Um desto mehr verdient die Universität allen Dank, daß sie es erlaubt hat, Holbeins Zeichnungen von neuem zu kopiren.

Es hat mir viel Vergnügen gemacht, mich bei meinem Aufenthalte in Basel mit diesen Männern, oder vielmehr mit ihren Werken eine Zeitlang zu unterhalten, um so mehr, da Erasmus und Holbein hier gelebt haben, und sowol die lateinische Ausgabe, als die Uibersetzung in einer Basler Buchdruckerey erscheint. Basel, im August 1779.

Zueignungsschrift
des
Erasmus
an den Thomas Morus.

Auf meiner letzten Reise von Italien nach England, suchte ich mich, um die Zeit, die ich auf dem Pferde zubringen mußte, nicht so ganz unnütz zu verreiten, entweder mit unsern gemeinschaftlichen Studien bisweilen zu unterhalten, oder ich vergnügte mich an dem Andenken meiner lieben und gelehrten Freunde, die ich hatte verlassen müssen. Unter diesen, liebster Morus, beschäftigten Sie mich am meisten. Ob Sie gleich von mir getrennt waren, so war mirs doch, wenn ich an Sie dachte, so wohl, als wenn ich würklich Ihres persönlichen Umgangs genösse. Und Sie wissen es selbst am besten, wie viel Vergnügen ich in Ihrem freundschaftlichen Umgange empfunden habe.

Doch schreiben mußte ich auch nothwendig etwas. Zu etwas Ernsthaftem glaubte ich aber nicht Zeit genug zu haben; ich fiel also auf den Gedanken, der Narrheit eine Lobrede zu schreiben. Was für ein Geist hat Ihnen das eingegeben? werden Sie fragen. Hören Sie nur. Erstlich gab mir Ihr Geschlechtsname Morus dazu Anlaß, welcher dem Wort Moria so nahe kömmt, als Sie selbst, nach Aller Uibereinstimmung, davon entfernt sind. Dann dachte ich, diese Scherzrede könne Ihnen etwa einiges Vergnügen machen, weil Sie dergleichen Sachen, wenn sie nicht einfältig und abgeschmackt sind, so viel ich weis, sehr gern lesen, und im gemeinen Leben gar oft einen Demokrit spielen. Wie Sie sich nun an Genie und tiefen Einsichten vor dem grossen Haufen auszeichnen, so übertreffen Sie auch Jedermann an gefälliger Lebensart und freundschaftlichem Betragen. Nehmen Sie also diese kleine Lobrede als ein freundschaftliches Andenken nicht nur mit Wohlgefallen auf, sondern nehmen Sie sich ihrer auch als Vertheidiger an; sie ist Ihnen zugeeignet, und gehört also nicht mehr mir, sondern Ihnen zu. An Sinnverdrehern und Deutern, glaub' ich, wird es nicht fehlen; man wird sagen, dergleichen Possen geziemen sich nicht für einen Theologen: solche Sticheleien sind der christlichen Bescheidenheit völlig zuwider; ja man wird mich beschuldigen, ich wolle die alte Komödie wieder in Gang bringen (a), oder ein anderer Lucian seyn, und alles über die Klinge springen lassen. Wer aber über den Gegenstand den ich mir gewählt habe, und über die scherzhafte Behandlung desselben die Nase rümpft, der wisse, daß ich nicht der erste bin, der eine solche Materie bearbeitet, sondern daß ich unter den berühmtesten Schriftstellern Vorgänger genug habe, die mein Unternehmen rechtfertigen.

(a) Susarion war der Stifter der alten Komödie. Sie war sehr frei und bisweilen zügellos. Man sprach nicht nur frei von denen im Schwange gehenden Lastern und andern schlechten Handlungen, sondern man führte sogar Beispiele an, und nannte Personen. Die Obrigkeit sah sich also genöthiget, sie zu verbieten, und hierauf formirte sich die neue Komödie.

Schon vor vielen Jahrhunderten hat Homer einen Frosch und Mäusekrieg, Virgil eine Mücke und einen Maulbeerwald, und Ovid eine Nuß besungen. Will man noch passendere Beispiele, nun so nehme man, daß Polykrates, und sein Korrektor Isokrates, dem Busiris (b), Glauko der Ungerechtigkeit, Favorinus dem Thersites (c) und dem viertägigen Fieber, Synesius (d) der Klatze, Lucian der Fliege und dem Schmarotzen eine Lobrede geschrieben. So hat sich auch Seneka die Apotheose des Claudius, Plutarch das Gespräch des Gryllus mit dem Ulysses (e), Lucian und

(b) Busiris war ein Tirann in Eaypten, der alle seine Gäste schlachten ließ, hernach aber vom Herkules wieder umgebracht wurde.
(c) Der häßlichste Mann unter der Trajanischen Armee.
(d) Synesius lebte im fünften Jahrhunderte und war Bischoff zu Ptolomais.
(e) Gryllus war von der Circe in ein Schwein verwandelt worden, und als solches hat ihn Plutarch

Apulejus den Esel (f), und ich weis nicht wer, das Testament von dem Schweine des Grunnius Corocotta, dessen sogar der heilige Hieronymus erwähnt, auf eine komische Art zu behandeln gewählt. Meinetwegen mag man sich, wenn man Freude dran hat, einbilden, ich habe, um mir ein Vergnügen zu machen, einmal Schach gespielt, oder habe, wenn man lieber will, einen Ritt auf meinem Steckenpferde gemacht. Wie unbillig wäre es nicht, da man doch jeder Lebensart ihr Vergnügen gestattet, wenn man die Wissenschaften allein von aller Freude ausschliessen wollte, zumal wenn der

sich mit dem Ulysses in einem Gespräche unterhalten lassen, worinn die Glückseligkeit der Thiere vor den Menschen behauptet wird.

(f) Apulejus hat Verwandlungen geschrieben, worinn er seiner Verwandlung in einen Esel Meldung thut, und wie er als solcher mit einem unbarmherzigen Herrn nach Egypten gereiset. Das Werk ist unter dem Titel: der goldene Esel bekannt.

Scherz auf ernsthafte Dinge abgesehen ist, und auf so eine Art behandelt wird, daß ein Leser, der eine feine Nase hat, bisweilen weit mehr Nutzen daraus ziehen kann, als aus grossen und hochtrabenden Abhandlungen. Was nützt, zum Beispiel, eine von allen Seiten her zusammengestoppelte Lobrede auf die Rhetorik oder auf die Philosophie? Wozu dient ein Panegyrikus auf einen Fürsten? Was für Vortheile bringt eine Aufmunterungsrede wider die Türken zu Felde zu ziehen? Da legt sich einer auf Prophezeiungen, und dort wirft ein Anderer über unerhebliche Dinge gelehrtscheinende Fragen auf; und was kömmt am Ende dabei heraus? Uiberhaupt ist nichts lächerlicher, als ernsthafte Gegenstände auf so eine Art zu behandeln, daß sie abgeschmackt werden; so wie hingegen nichts witziger und lustiger ist, als scherzhaften

Einfällen ein gewisses Interesse und eine Art von Würde zu geben. Uiber meine Lobrede auf die Narrheit werden Andre vielleicht nicht so günstig urtheilen; indessen, dünkts mich, wenn mich die lose Eigenliebe nicht ein bischen bei der Nase herumführt, ist sie doch so gar dumm nicht. Um aber denen ein Wörtchen zu antworten, die wider das Beissende meiner Schreibart etwas einzuwenden haben möchten, so darf ich Ihnen nur zu bedenken geben, daß bisher jeder muntere Kopf die Freiheit besessen, sich über die gewönliche Lebensart der Menschen ungestraft lustig zu machen, wenn diese Freiheit nur nicht in Frechheit oder Ungezähmtheit ausartet. Drum wundere ich mich über die Delikatesse der Ohren unsrer Zeit, daß sie fast keine andern Titel ausstehen können, als solche, welche die Mode geheiligt hat. Giebt es doch Leute, die so eine ganz verkehrte Gewissenhaftigkeit haben, daß sie wider Christum weit eher die größten Schmähungen, als über den Pabst oder einen Regenten den geringsten Scherz anhören können, zumal wenn das leidige Interesse mit im Spiel ist. Wer aber das menschliche Leben von der Seite schildert, daß er Niemanden namentlich tadelt, kann man dann wol sagen, daß er beissend und beleidigend ist; oder lehrt und ermahnt er nicht vielmehr? Wie oft habe ich mich nicht selbst geschildert? Wer also keiner Klasse von Menschen schonet, der scheint, dünkt mich, gegen Niemanden insbesondere, sondern gegen die Laster überhaupt aufgebracht zu seyn. Sollte sich also Jemand regen, welcher sich hie und da getroffen fühlte, der verräth entweder sein Gewissen oder er verräth wenigstens Furcht. Der heilige Hieronymus war

viel freier und beissender, und schonte
oft nicht einmal der Namen. Ich hingegen bin, ausser dem, daß ich Niemanden genannt, mit vieler Mässigung zu
Werke gegangen, so daß es ein unpar-
theiischer Leser leicht abmerken kann, daß
ich mehr zu belustigen als zu beleidigen
gesucht. Auch habe ich nicht in jener
verborgenen Pfütze von Lastern gerührt,
wie Juvenal; sondern ich habe mehr Lä-
cherlichkeiten als Viehereien zu rügen gesucht. Ist aber Jemand hiermit nicht
zufrieden, der bedenke wenigstens, daß
es schön ist, wenn man von der Narrheit getadelt wird; und da ich sie selbst
redend auftreten lassen, so mußte ich mich
ja nothwendig nach der Denkungsart der
Person richten, welche redet. Doch was
sag ich Ihnen das, liebster Morus? Sie
sind ja ein so treflicher Sachwalter, daß
selbst die kützlichsten Prozesse unter Ihrer

Vertheidigung ihre schlimme Seite verlieren. Leben Sie wohl, und lassen Sie sichs angelegen seyn, Ihre Narrheit wacker zu vertheidigen. Geschrieben auf dem Lande, den 9ten Junius 1508. (g)

(g) Vermuthlich auf einem Landguthe des Grafen von Monjoi, von dem er sehr geschätzt wurde.

Lob der Narrheit,
von ihr selbst gepriesen.

Es ist mir nicht unbekannt, wie schlecht man gewöhnlich von mir spricht; jedermann spottet der Narrheit, selbst meine Lieblinge, auf die ich am stolzesten bin: und doch, ihr Sterblichen, bin ich, bin ich allein — denn wer vermag es sonst? — die Freuden=schöpferinn der Götter und der Menschen.

Ihr habt itzt den Beweis vor Augen. Kaum trete ich unter eurer zahlreichen Versammlung auf, das Wort für mich zu führen; so entfaltet sich schon eure Stirn, euer Gesicht überzieht eine so muntere ungewöhnliche Heiterkeit, euer fröliches Lächeln winkt mir so freundlichen Beifall zu, daß man euch bei meiner Ehre! so viel ihr eurer seid, von dem, mit Nepenthe (a) vermischten, Nektar der Homerischen Götter berauscht halten könnte; und kurz vorher saßet ihr noch so traurig und schwermüthig da, als wäret ihr nur eben aus der Trophoniushöle (b) zurückgekommen.

(a) Nepenthe, ein Kraut, dessen Saft, mit Weine vermischt, aufgeräumt und lustig macht. Plinius erwähnt es auch; und Penelope bedient sich seiner beim Homer.

(b) Die Trophoniushöle war ein finstres und tiefes Loch in Lebadien, worinn ein Dämon, wie man glaubte, Orakel von sich gab. Wer sich hinein

Gleichwie die Sonne, wenn sie dem Erdkreis ihr reizendes und goldenes Antlitz wieder entschleiert — wie der neugeborne Frühling, wenn er wieder mit seinen schmeichelnden Zephiren die Fluren befächelt — allen Gegenständen eine neue Gestalt giebt, und sie mit den lieblichen Farben der Jugend schmückt: eben so verwandeln sich alle eure Gesichtszüge bei meiner Erscheinung. Was also grosse Redner durch eine lange und wohl ausgearbeitete Rede kaum zu erreichen vermögen, nemlich die Bekümmernisse der Seele zu zerstreuen, das vermag schon mein blosser Anblick.

Warum ich heut in diesem ungewöhnlichen Ornate erscheine, das sollt ihr bald erfahren; wenn es euch nicht zuwider ist, mir ein

wagte, um das Orakel zu befragen, kam für Furcht und Schrecken ganz entstellt und maaer zurück. Daher ward diese Höle zum Sprüchwert.

günſtiges Gehör zu vergönnen; aber nicht wie ihr den Predigern in den Tempeln, ſondern wie ihr den Marktſchreiern, Hanswürſten und Poſſenreiſſern gewähret — oder wie einſt unſer Midas dem Pan lieh. (c)

(c) Dieſe Fabel iſt bekannt. Pan erfrechte ſich einſt den Apoll zu einem Wettſtreit im Singen aufzufordern. Apoll nahm die Ausforderung an, und Midas wurde zum Schiedsrichter erwählt. Nach

Ich habe mir heut vorgenommen, einen Sophisten unter euch zu machen; aber keinen von der Art, die heut zu Tage den jungen Leuten ängstliches Gewäsch vorplaudern, und ihnen mehr als weibische Zanksucht einprägen; sondern das Beispiel der Alten will ich nachahmen, welche, um den schimpflichen Namen eines Weisen zu vermeiden, sich lieber den Namen eines Sophisten beilegten. Dieser ihr Geschäfte war, das Lob der Götter und tapferer Männer zu posaunen. Ihr werdet also eine Lobrede von mir vernehmen, aber auf

geendigtem Wettgesang erkannte Midas dem Pan den Preis zu, worüber sich Seine Gottheit, der Herr Apoll so sehr erzürnte, daß er die Ohren des Midas in Eselsohren verwandelte. Wir können dieser Handlung unsern Beifall nicht versagen. Es wäre zu wünschen, Apoll lebte noch, und wiederholte diesen Spas an manchem Kunstrichter. — Aber Merkur sey den armen Eseltreibern gnädig! wie würde der Preis der Esel nicht abschlagen!

keinen Herkules, (d) auf keinen Solon; (e) sondern mein eignes Lob will ich preisen, das Lob der Narrheit.

Jene überklugen Leute, die den, der sich selbst lobt, für einen der unverschämtesten und größten Narren halten, kümmern mich itzt nicht. Dünk' es ihnen immer so narrenhaft, als es ihnen beliebt; sie müssen doch wenigstens gestehen, daß es nicht wider meine Ehre ist. Denn was ist schicklicher, als daß die Narrheit sich selbst eine Lobrede halte? Wer könnte mich besser schildern als ich selbst? es müßte mich denn jemand besser kennen als ich mich selbst kenne. Uibrigens sollt' ich glauben,

(d) Herkules war wegen seiner Stärke und Tapferkeit berühmt, und wurde deshalben unter die Götter aufgenommen. Man schreibt ihm zwölf ausserordentliche Thaten zu.

(e) Solon war einer von den sieben Weisen Griechenlands, und ein berühmter Gesetzgeber der Athenienser.

ich handelte immer noch bescheidner, als die Zunft der Vornehmen und Weisen, die, aus einer verkehrten Schamhaftigkeit, irgend einen schmeichlerischen Redner oder geschwätzigen Poeten um Lohn zu dingen pflegen, der ihre grossen Eigenschaften erhebe, oder ihre Tugenden besinge, welche oft nichts anders als offenbare Lügen sind; und doch breitet so ein verschämter Mann, wie ein Pfau, seine Federn aus, und bläßt sich auf, wenn ihn der unverschämte Fuchsschwänzer, ihn, den nichtswürdigsten Menschen, mit den Göttern vergleicht; wenn er ihn als das vollkommenste Muster aller Tugenden darstellt, von welchen er doch, wie er selbst weis, so weit entfernt ist, als Himmel und Erde von einander entfernt sind; wenn er die Krähe mit fremden Federn schmückt, den Aethiopier weiß zu waschen, und aus einer Mücke einen

Elephanten zu machen sucht. Kurz, ich handle hier nach dem gemeinen Sprüchwort; weil mich Niemand loben will, so will ich mich selbst loben.

Indessen kann ich mich über die — wie soll ichs nennen? — Undankbarkeit oder Trägheit der Menschen nicht genug wundern. Sie verehren mich Alle so eifrig, empfinden Alle so gern meinen wohlthätigen Einfluß; und doch ist seit so vielen Jahrhunderten nicht ein Einziger aufgetreten, welcher der Narrheit eine Lobrede gehalten: einen Busiris (f) hingegen, einen Phalaris, (g) das viertägige

(f) Busiris war ein grausamer König in Egypten, der alle Fremde schlachten ließ, bis ihm endlich vom Herkules das Nemliche wiederfuhr. Polykrates, ein berühmter Redner von Athen hat ihm eine Lobrede gehalten.

(g) Phalaris auch ein grausamer König in Sicilien. Unter seine größten Grausamkeiten gehört, daß er einen ehernen Ofen in der Gestalt eines Ochsen verfertigen ließ, der unten geheizt werden konnte,

Fieber, die Fliegen, die Klatzen und dergleichen
bösartige Dinge mehr, hat man durch Schutz-
reden vertheidigen, und ganze Nächte durch
bei der Lampe über ihr Lob zubringen können.
Von mir werdet ihr keine so ausgearbeitete
und schöne Rede hören, aber desto mehr Wahrheit, weil ich rede, was mir in den Mund
kömmt. Ich weiß wohl, die meisten Redner
geben dieß vor, damit man ihr Genie desto
mehr bewundere: aber ich wünschte nicht,
daß ihr das auch von mir glaubtet. Denn
wenn diese Herren, wie euch bekannt seyn
wird, dreißig Jahre lang über eine Rede
gearbeitet, und bisweilen gar mit einem fremden Kalbe gepflügt haben, so schwören sie wol

und so eingerichtet war, daß wenn Menschen
hinein geworfen wurden, ihr Geschrey dem
Gebrülle eines Ochsen glich. Der Erfinder desselben hieß Perillus, und zur Belohnung mußte er
das Kunststück selbst versuchen. Lucian hat ihm
eine Schutzschrift aufgesetzt.

noch dazu, daß sie selbige so zum Zeitvertreib in ein paar Tagen zusammengeschmiert, oder jemandem hindiktirt haben. Ich hingegen habe immer am liebsten geredet, wie mirs ums Herz gewesen.

Niemand aber erwarte, daß ich nach der gewöhnlichen Manier der Redner, eine Beschreibung von mir mache, noch weniger, daß ich meine Rede gehörig eintheile. Denn wie ließe sich diejenige, deren Macht und Gewalt sich so weit erstreckt, in Grenzen einsperren, oder gar in Theile zerstücken, sie, die von allem was lebt, so ganz, so allgemein verehrt wird? Und was nütz' es euch, wenn ich mein Bildniß hermalte, oder euch meine Silouette vorzeigte? ihr habt ja das Original vor euch, könnt es von Angesicht zu Angesicht sehen. Schaut demnach auf, ich bin die Narrheit; den Lateinern heiß' ich

Stultitia, den Griechen Moria, und Allen war ich von jeher die wahre Geberinn alles Guten.

Nicht einmal das braucht' ich euch zu sagen; denn solltet ihr mir nicht schon von der Stirne lesen können, wer ich sey? Könnte mich jemand mit der Minerva oder Weisheit verwechseln, wenn er mich auch nur obenhin, mit einem einzigen Blick überschaute, ohne daß ich den Mund öffnete, welches sonst der untrüglichste Spiegel des Innern ist? Bei mir findet keine Verstellung Statt; meine Stirne predigt nichts, was meinem Herzen fremd ist. In Allem bleib' ich mir gleich, so daß mich nicht einmal diejenigen verläugnen können, die sich mit dem Namen eines Weisen brüsten, und wie Affen in Purpur oder wie Esel in Löwenhäuten einhertreten. Sie mögen sich zu verstellen suchen, wie sie

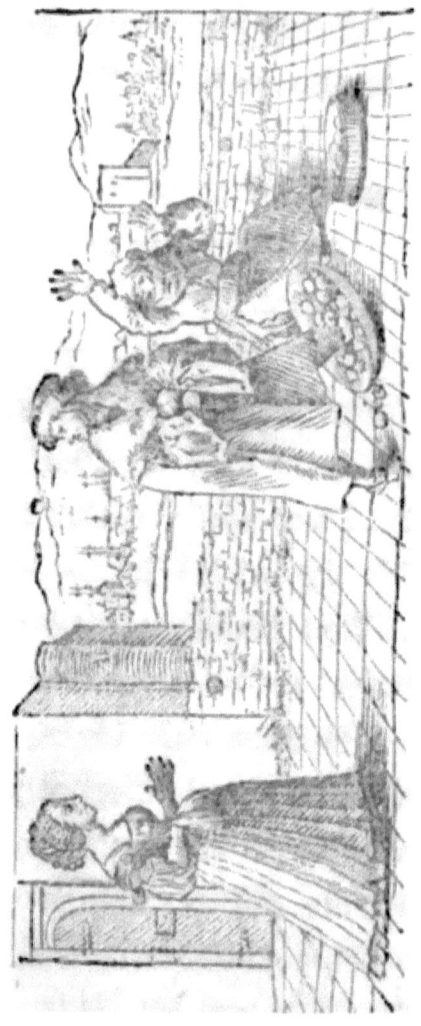

wollen; überall verrathen die emporragenden Ohren einen Midas.

Es ist doch warlich eine undankbare Klasse von Menschen; sie gehören einmal zu meiner Parthei, und schämen sich doch öffentlich meines Namens, meinen auch wol gar Andere damit zu beschimpfen. Da sie die größten Narren sind, und doch für Weise oder Thalesse gehalten werden möchten — sollten sie daher nicht mit allem Rechte den Namen Morosophen (*) verdienen?

(*) Thörichte Weise,

Auch hierinn will ich unsern heutigen Rednern nachahmen, die sich viel damit wissen, wenn sie zeigen können, daß sie wie die Blutigel zwo Zungen haben, und es für etwas Grosses halten, wenn sie in ihre lateinischen Reden hie und da griechische Wörter als Verzierungen mit einflicken, sie mögen nun dazu passen oder nicht. Fehlt es ihnen aber an fremden Wörtern, so suchen sie aus alten verlegenen Büchern vier oder fünf veraltete Wörter hervor, um damit dem Leser Staub in die Augen zu werfen; denn sie wissen wohl, daß sie dadurch der Eigenliebe derer schmeicheln, die sie verstehen; und hingegen von denen, die sie nicht verstehen, destomehr bewundert werden, je weniger sie davon verstehen. Auch ist dieß kein uneben Vergnügen meiner Zunftgenossen, Alles was fremd ist, ausserordentlich zu bewundern.

Die, so zu ehrgeizig sind, sichs merken zu lassen, daß sie bisweilen etwas nicht verstehen, dürfen mir nur durch ein Lächeln ihren Beifall zu erkennen geben, und — à la maniere des — anes, ihre Ohren schütteln, damit sie den Andern weiß machen, als verstünden sie's.

Nun komm' ich auf mein Vorhaben zurück. Ihr kennt mich bereits dem Namen nach, meine Herren. — Was für einen Titel soll ich euch sonst noch beilegen? Welchen anders, als ihr Erznarren? denn könnte wol die Göttinn Narrheit ihren Geweihten einen ehrwürdigern zuerkennen? — Da aber noch Vielen unbekannt ist, aus welchem Geschlecht ich entsprossen, so will ich euch dieß nun mit Hülfe der Musen darthun. —

Ich habe weder das Chaos, noch den Saturn, noch den Japetus — kurz, keinen von den altväterschen und vermoderten

Göttern zum Vater; sondern den Plutus, den Gott des Reichthums. Er allein ist, trotz dem Hesiodus und Homer, trotz dem Jupiter selbst, der Vater der Götter und der Menschen. Auf seinen Wink werden, wie vor Alters auch itzt, geistliche und weltliche Dinge unter einander geworfen. Nach seinem Willen werden Kriege geführt, Frieden geschlossen, Reiche beherrscht, Gutachten gepflogen, Gerichte und Reichstage gehalten, Heirathen, Verträge und Bündnisse geschlossen, Gesetze gegeben, Künste und Wissenschaften befördert, Scherz und Ernst getrieben — bald verläßt mich der Athem — kurz, alle öffentlichen und Privatangelegenheiten der Sterblichen werden nach seinem Willen verwaltet. Ohne seine Beihülfe würde die ganze Schaar der poetischen Gottheiten — ja, daß ich mich noch kühner ausdrücke — auch die Obern Götter

Götter selbst würden entweder ganz und gar nicht existiren, oder sich doch gewiß in ihren armseligen Wohnungen ziemlich schlecht behelfen müssen. Wider seinen Zorn kann nicht einmal Pallas gnugsam schützen; wer ihn aber zum Freunde hat, darf selbst den Jupiter samt seinem Blitz zum Besten haben. So eines Vaters darf ich mich rühmen. Er brachte mich nicht aus seinem Gehirn hervor, so wie Jupiter jene flämische und trotzige Minerva; (h) sondern er zeugte mich mit der Neotes, (i) der schönsten und anmuthigsten

(h) Jupiter empfand einsmals sehr heftige Kopfschmerzen, und ersuchte den Vulkan, ihm einmal mit seinem Hammer auf den Kopf zu schmeissen. Vulkan that es als ein ehrlicher Schmidt — und siehe da sprang Minerva in ihrer ganzen Waffenrüstung heraus. — Kein Wunder, sprach mein Schuldocent, so oft wir auf die Geschichte stiessen, kein Wunder, daß er Kopfschmerzen hatte: so gehts allen, die ein Mädchen im Kopfe haben.

(i) Neotes ist im Griechischen so viel als Jugend. Die Genealogie der Narrheit könnte nicht rich-

unter allen Nimphen. Auch bin ich kein Kind von verdrießlicher Ehe, habe mein Daseyn nicht der kalten Vollziehung ehelicher Pflichten zu danken, wie jener hinkende Schmidt; (k) mein Ursprung war süsser, ich ward empfangen in Liebe, wie unser Homer sich ausdrückt. Aber nicht des Aristophanes Plutus (l) hat mich gezeugt in seinem Alter, seiner Blindheit — doch wer könnte das wähnen? — sondern ich bin

tiger seyn. Wie viel thörichte Streiche werden begangen, wenn die Jugend zu früh zu Vermögen gelangt!

(k) Vulkan war ein Sohn des Jupiters und der Juno. Wer weiß nicht, wie exemplarisch diese Ehe war? Jupiter war ein Freund von fremder Kost, und schmarotzte öfters ausser dem Hause; Juno nahm es sehr übel auf, daß er ihre Küche verachtete, und mußte sich in seiner Abwesenheit auch manchen Leckerbissen zu verschaffen. Beiläufig merk' ich an, daß Juno von den Alten als die Göttinn der Ehe verehrt wurde.

(l) Aristophanes, ein griechischer Komödienschreiber, hat eine Komödie dieses Namens geschrieben.

das Produkt der feurigsten, jugendlichsten Liebe, zwar nicht des jugendlichen Feuers allein, sondern des ganzen Feuers des himmlischen Nektars, dem er bei einem Göttermahle weidlich zugesprochen hatte.

Wünschet ihr auch meinen Geburtsort zu kennen — denn heut zu Tage gehört es zum Wesen des Adels, daß man weis, wo die ersten Windeln getrocknet worden — so wißt, daß ich weder auf der schwimmenden Insel Delos (m) noch in einer dunkeln Höle ans Licht gekommen; daß ich eben so wenig ein Auswurf des schäumenden Meers bin: (n) sondern auf jenen glückseligen Inseln ward

(m) Delos war der Geburtsort des Apollo und der Diana. Man fabelt von dieser Insel, daß sie vorher schwimmend herumgeirrt, zur Dankbarkeit aber sollen sie hernach beide Gottheiten fest gemacht haben.

(n) Venus entstand, nach der Fabellehre, aus Meerschaum.

ich) der Welt geschenkt, wo Alles unbepflügt und ungesät empor wächst; wo keine Beschwerde, kein Alter, keine Krankheit Statt findet. Dort tragen die Aecker keine Käsepappeln, Goldwurz, Meerzwiebeln, Wolfsschotten, Bohnen, oder andres dergleichen Unkraut: sondern von allen Seiten schmeicheln Moly, Panace, Nepenthe, (o) Majoran, Ambrosia, Lotus, Rosen, Veilchen, Hiacinthen und Anemonen — Augen und Nas' entgegen. Mitten unter diesen Herrlichkeiten bin ich geboren. Ich fieng nicht, wie andere Kinder, das Leben mit Weinen an, sondern lächelte gleich, auf die schmeichelndste Art, meiner Mutter entgegen.

(o) Moly, Panace, Nepenthe, sind lauter fabelhafte Kräuter. Die Dichter legen ihnen grosse Kräfte bei. Moly half wider den Gift, Panace für alle Krankheiten, und Nepenthe vertrieb die böse Laune und machte frölich.

Ich mißgönn' ihm nicht, dem grossen Sohn des Saturns, daß er eine Ziege zur Amme hatte: mich säugten die Brüste zwoer reizender Nimphen, Methe, die Tochter des Bacchus, und Apádia, die Tochter des Pans, die ihr hier beide unter dem Gefolge meiner Hof=damen erblickt. Beliebt euch die Namen der Uibrigen zu wissen, so sollt ihr sie von mir vernehmen, mais sur mon honneur nicht anders, als auf griechisch. Diese hier mit den verzogenen Augenbraunen, heißt Philautia.

Jene die mir dort mit den Augen zulächelt, und zu Allem, was ich sage, Beifall klatscht, ist Kolakia. Dort jene Schläfrige und schon halb Schlafende ist die Lethe. Neben ihr seht ihr eine auf beide Ellenbogen gestützt, mit in einander geschlagenen Aermen; ihr Name ist Misoponia. Diese mit dem Rosenkranze, von welcher lauter wohlriechende Salben ausdüften, ist Hedone. Jene mit den schlüpfrigen und umherschweifenden Augen, nennt sich Anoia. Diese mit der glänzenden Haut und dem gemästeten Leibe, heißt Tryphe. Dort seht ihr auch Götter unter den Mädchen; der eine ist Komus, der andere Nergetos Hypnos, (o) Mit der getreuen Hülfe dieser

---

(o) Ihre Ammen sind die Trunkenheit und die Unerfahrenheit. Die Damen aus ihrem Gefolge sind die Eigenliebe, die Schmeicheley, die Vergessenheit, die Trägheit, die Üppigkeit, die Unsinnigkeit, die Wollust. Die beiden Götter sind der

meiner Bedienung unterwerf' ich mir Alles,
und herrsche sogar über Herrscher.

Ihr kennt itzt mein Geschlecht, meine
Erziehung, und mein Gefolge. Nun aber —
damit ihr nicht glaubt, ich gebe mir ohne
Ursache, blos aus Stolz, den Namen einer
Göttinn — spitzt eure Ohren, und vernehmt,
mit wie vielen, wie grossen Wohlthaten ich
sowol Götter als Menschen beglücke, und wie
weit sich meine göttliche Macht erstrecke. Denn
wenn es wahr ist, wie ein gewisser Schriftsteller nicht uneben geschrieben, daß Sterblichen ihr Schicksal angenehm machen zum
Gott erhebt; wenn diejenigen, die sie den
Gebrauch des Weins, des Getraides, und
mehr dergleichen Vortheile gelehrt haben, mit
Recht unter die Gesellschaft der Götter auf-

<small>Gott der Völlerey oder der Saufteufel und der
Schlafratz.</small>

genommen worden. — O mit wie viel
mehrerm Rechte verdien' ich, die ich Allen,
einzig und allein, Alles gewähre, die erste
unter allen Gottheiten zu seyn?

Prenez mes favoris, was kann wol angenehmer, was kann kostbarer seyn, als das
Leben selbst? Aber, wem hat man seinen
Anfang zu danken? wem anders als mir?
Oder pflanzt sich das Geschlecht der Menschen
durch den Spieß der mächtigen Göttertochter
Pallas, pflanzt sich's durch den Schild des
Wolkensammler Jupiters fort? — Er selbst
der Vater der Götter und König der Menschen,
der mit seinem Wink den ganzen Olymp
erschüttert, muß seinen dreizackichten Blitz
weglegen, muß sein Titanisches (*) Gesicht,
womit er, wenn er will, die Gemüther aller
Götter in Schrecken versetzt, umgestalten, und,

(*) So viel als grimmig.

gleich den Komödianten, die Rolle einer ganz andern Person spielen, wenn er einmal das thun will, was er immer thut — c'est-à-dire, faire des enfans.

Schon die Stoiker glauben an die Götter zu grenzen. Aber überlaßt mir einen fünffachen, einen zehnfachen, ja einen hundertfachen Stoiker, wenn ihr wollt; seinen Bart, das Zeichen seiner Weisheit — ob schon die Böcke mit dem nemlichen Schmucke geziert sind — wird er zwar nicht ablegen: aber sein ernsthaftes finstres Gesicht soll sich aufheitern, seine runzliche Stirne soll sich entfalten, seine harte Moral soll er beiseite setzen, und bisweilen wie ein Bube herumschäkern. Kurz, auch ein Weiser muß zu mir kommen, zu mir muß er kommen, wenn ihm einmal die Lust ankömmt, Vater zu werden. Und warum soll ich nicht nach meiner Art offenherziger mit euch plaudern? Sagt mir — je Vous en prie — bringt denn der Kopf, das Gesicht, die Brust, die Hand, das Ohr, welche alle für anständige Theile des Körpers gehalten werden — bringen diese Götter und Menschen hervor? Ich meine nicht; und dieser so drollichte, so lächerliche Theil, den man nicht einmal ohne Lachen nennen kann, ist die Fortpflanzerinn des menschlichen Geschlechts. Dieser ist die geweihte Quelle, aus welcher Alles Leben schöpft, und mit mehrerm Grunde, als aus des Pythagoras Tetraktys. (p) Sagt mir weiter, welcher Mann würde sich den Maulkorb des Ehestands über den Kopf werfen lassen, wenn er zuvor, wie jene Weisen zu thun pflegen, die grossen Ungemächlichkeiten und Beschwerden dieser Lebensart überdächte? Oder welches Mädchen würde sich jemals in die Arme eines Mannes geworfen haben, wenn es vorher die Gefahren und die Schmerzen der Geburt gekannt, und die Mühseligkeiten der Erziehung in Erwägung gezogen hätte? Wenn ihr nun euer Leben

(p) Ich kann dem Publikum keine Erläuterung geben, was Pythagoras darunter verstanden. Viele haben ihre Meinungen drüber gewagt; aber es ist ein Geheimniß, und das wichtigste unter seinen Lehren, bei dem sogar seine Anhänger schwuren. Er selbst nennt es die Quelle der ewigen Natur.

den ehelichen Ergötzlichkeiten, und diese ehelichen Ergötzlichkeiten meiner Trabantinn Anoia zu danken habt, so seht ihr doch wol ein, was ihr mir dabei für Verbindlichkeiten schuldig seid. Welches Weib, wenn sie diese Erfahrung einmal gemacht hat, würde das Ding wol vom Neuen versuchen, wenn ihr nicht meine Lethe Vergessenheit des Vergangenen zuflüsterte? Selbst Venus — Lukretius mag dagegen sagen was er will (q) — selbst Venus wird nicht läugnen, daß all ihre Macht, ohne mein allmächtiges Zuthun, unzulänglich und nichtig ist. Aus diesem Taumel meines komischen Spielwerks kommen also hervor jene mürrischen Philosophen, an deren Stelle nun die Mönche getreten, die in Purpur geklei-

---

(q) Bezieht sich auf das Gedicht: von der Natur der Dinge, in welchem der Venus die Kraft zu zeugen zugeschrieben wird.

beten Könige, die frommen Priester, die dreimal heiligen Päbste, und jene ganze Schaar der poetischen Götter, die kaum der so geräumige Olymp zu fassen vermag.

Aber ich will mir das nicht einmal hoch anrechnen, daß ich die Urheberinn des Lebens bin: ich will euch auch darthun, daß Alles, was das Leben angenehmes hat, von meiner Mildthätigkeit herrühre. Was ist das Leben, wenn es anders noch Leben zu nennen ist, was ist es ohne Wollust? — Ihr nickt mir Beifall zu? — O ich wußte wohl, daß Niemand von euch so weise, oder vielmehr so thöricht, — nein! so weise, wollt' ich sagen, sei, daß er andrer Meinung hierüber seyn könne. Die Stoiker selbst verachten die Wollust nicht, ob sie sich gleich Mühe geben, sich äusserlich so zu stellen, und sie öffentlich so viel als möglich zu schmähen und zu lästern; dieß thun sie aber nur, um Andere davon abzuschrecken, und selbst desto mehr Genuß davon zu ziehen. Beim Jupiter! wer mag auftreten, und mich Lügen strafen, wann ich behaupte, daß jede Stufe des menschlichen Lebens traurig, armselig, freudelos, abgeschmackt und beschwerlich ist, wenn man ihm die Wollust, die Würze der Narrheit, entzieht? Dieses könnte jenes nie genug gepriesenen Sophokles vortreflicher Lobspruch, den er mir in folgender Sentenz macht: in der Thorheit besteht das angenehmste Leben — am besten erweisen; doch ich will die ganze Sache stückweise mit euch erörtern.

Wer weis erstlich nicht, daß das erste Alter des Menschen unstreitig das frölichste, und für jedermann das angenehmste ist? Was ist aber das, was wir so gern an den Kindern küssen, was wir so gern an ihnen betätscheln, was uns so für sie einnimmt, daß selbst ein Feind einem so lieben unschuldigen Geschöpfe seine Hülfe nicht versagt — was ist es anders als jene Anziehlichkeit der Narrheit, welches die gutthätige Natur so vorsichtig den neugebornen Kindern eingepflanzt, daß sie denen, die sie erziehen, ihre Mühe und Sorgfalt gleichsam mit Vergnügen belohnen, und sich die Gunst derer, von welchen sie ihren Schutz erwarten, durch Schmeicheln und Liebkosen erwerben?

Wie angenehm ist hernach die darauf folgende Jugend! wie herzlich ist ihr nicht jedermann gewogen! wie emsig sucht man allen ihren Wünschen zuvorzukommen! wie viel dienstfertige Hände sind bereit ihr beizustehen! — Woher kömmt dieser anziehliche Reiz der Jugend? — Von wem anders, als von mir? Mir dankt sie die Wohlthat, daß sie so narricht ist, und folglich nicht so strotzt von Weisheit. Aber so bald sie heranwächst, so bald sie durch Unterricht und Erfahrung zu einer Art von männlicher Weisheit gelangt — heißt mich eine Lügnerinn, wenn es nicht wahr ist — so welkt allmählig ihre Blüthe dahin, ihre Munterkeit versiecht, ihr lebhafter Witz verstumpft, und ihre Kraft erschlafft. Je mehr sich nun die Spanne Raum von ihr ausdehnt, desto weniger Leben bleibt ihr, bis endlich das lästige, nicht nur Andern, sondern auch sich selbst, gehässige Alter herannaht.

Wo

Wo fänd sich aber der Sterbliche, dem das Alter erträglich wäre, wenn ich mich nicht seines armseligen Zustands erbarmte, und mich seiner mitleidigst annähme; wenn ich nicht wie die Götter der Poeten, welche Nothleidenden plötzlich durch irgend eine Verwandlung zu Hülfe kommen, die armen Menschen, wenn sie schon mit einem Fusse in der Grube stehen, wieder zur Kindheit zurückführte. Darum sagt man auch von alten Leuten mit Recht, daß sie wieder zu Kindern werden.

Wünschte Jemand die Art und Weise dieser Verwandlung zu wissen; so will ich ihm auch diese nicht verheelen. Ich führe sie hin zur Quelle meiner Lethe, die in den glückseligen Inseln entspringt, und in der Unterwelt zu einem kleinen Bach wird; dort laß ich sie jene ewige Vergessenheit eintrinken, die ihre Seele nach und nach von ihren Bekümmernissen befreit, und ihr ganzes Wesen wiederum verjüngt. Möchte mir hier Jemand einwenden, daß sie dann albern und thöricht werden. — Eh bien! das heißt ja eben zum Kinde werden. Ist denn ein Kind seyn etwas anders als thöricht und närrisch seyn? Hat nicht dieses Alter darum so viel Annehmlichkeit, weil es nicht weise ist? Wer haßt nicht, wer verabscheut nicht einen Knaben, der sich mit männlicher Weisheit brüstet, wie ein Ungeheuer? Man hat ein altes sehr wahres Sprüchwort: ich hasse den Knaben, der sich zu frühzeitig weise dünkt. Wer würde aber den Umgang eines Greises ertragen können, der mit so grosser Erfahrung, mit so viel Kenntniß, eben so viel Munterkeit der Seele, eine eben so scharfe Beurtheilungskraft verbände? Der Greis hat es also mir zu danken, daß er nicht recht klug ist. Doch ist auch mein Narr als des Kummers, all der Sorgen überhoben, womit sich der Weise quält. Auch beim Zechen spielt er keine unfeine Rolle. Von Uiberdruß des Lebens weiß er nichts, da hingegen das stärkere und gesündere Alter diesem oft unterliegt. Bisweilen behilft er sich auch mit den drei Buchstaben jenes Alten beim Plautus; (r) und wie unglücklich wär' er da, wenn er gescheid wäre! Aber durch meine wohlthätige Vermittelung ist er glücklich, seinen Freunden angenehm, und unterhaltend im Umgang. So floß beim Homer aus Nestors (s) Munde eine Rede süsser als Honig; Achillens Rede hingegen war bitter; und neben ihm saßen

(r) Beim lateinischen Komödienschreiber Plautus sagt ein alter Mann, er habe nur drei Buchstaben gelernt a m o ich liebe.

(s) Nestor war ein weiser und beredter König in Griechenland, der nach der Berechnung der Dichter 300 Jahre gelebt hat; vielleicht heissen aber drei Saecula so viel, als drei Mannsalter, nemlich 90 Jahre.

Greise auf den Mauern, und sprachen munter und lebhaft. Ihr Alter übertrifft also hierinn noch das Alter der Kindheit, welches zwar lieblich, aber der Sprache beraubt ist, und des vorzüglichen Vergnügens des Lebens, der Geschwätzigkeit entbehren muß. Nehmt noch dazu, daß sich die Alten so sehr mit Kindern belustigen, und die Kinder hingegen sich wieder so viel mit Alten abgeben können. Ja, Gott hat Alles gleich und gleich zusammengesellt. Denn was unterscheidet sie sonst, als daß sich die Stirne des Alten in Runzeln zieht, und sein Rücken mehr Geburtstäge hinter sich hat? In Allem Uibrigen sind sie sich gleich. Beider Haar ist falb; beide haben keine Zähne; beider Körper ist von schwächlicher Natur; beide gelüsten nach Milch; beiden ist ein gewisses Stammeln, eine natürliche Schwatzhaftigkeit, Ungeschicklichkeit, Vergessenheit, und Unbedachtsamkeit eigen; kurz, sie haben das Meiste mit einander gemein. Je älter die Menschen werden, desto ähnlicher werden sie den Kindern, bis sie endlich, wie die Kinder, ohne des Lebens müde zu seyn, ohne den Tod zu empfinden, aus dieser Welt hinauswandern.

Wer mag es nun wagen, und diese meine Wohlthat mit der Verwandlungsart der übrigen Götter in Vergleichung bringen wollen? Wie sehr sich diese oft von ihrem Zorn hinreissen lassen, will ich gar nicht einmal berühren. Wem sie aber recht gnädig sind, den geruhen sie allenfalls in einen Baum, in einen Vogel, in eine Heuschrecke, oder auch in eine Schlange zu verwandeln; gleich als ob Uibergang in etwas anders, nicht eben so viel wäre als gänzlicher Untergang. Ich hingegen versetze den nemlichen Menschen wieder in die beste und glücklichste Epoke seines Lebens.

Wollten nur die Menschen ganz und gar von der Weisheit ablassen, und ihre ganze Lebenszeit mir widmen; alsdann würde kein Alter unter ihnen mehr Statt finden, sondern sie würden als die glücklichsten Menschen einer beständigen Jugend geniessen.

Nehmt ihr nicht wahr, wie diejenigen, die beständig über den Büchern sitzen und nach Weisheit klauben, oder sich sonst in ernste und schwere Arbeiten vertiefen — nehmt ihr nicht wahr, wie sie schon anfangen zu altern, bevor sie noch kaum das völlige Jünglingsalter erreicht haben? Denn Sorgen und zu anhaltende scharfe Spannung der Seelenkräfte vertrocknen nach und nach die geistigen Säfte des Lebens.

Meine Narren hingegen sind dicke, feiste und ausgemästete Kerle, und — avec votre permission — wahre Ungarische Schweine (t), welche gewiß nie etwas von den Beschwerden und Ungemächlichkeiten des Alters empfinden würden, wenn sie nicht bisweilen, wie es zu geschehen pflegt, von der

(t) Im Original stehen χοιροι ακαρνανιοι, Akarnanische Schweine. Diese wurden bei den Alten für die größten und fettesten gehalten. Ihr Vaterland war die Landschaft Akarnanien, die an Thessalien und Epirus grenzte. Ich habe Ungarische dafür gesetzt, weil diese — wenn mich meine Schweinekenntniß nicht trügt — jenen an Eigenschaften gleich kommen.

Seuche der Weisen angesteckt würden. Doch das menschliche Leben gestattet hienieden nie eine vollkommne Glückseligkeit.

Man hat ein gemeines Sprüchwort — und dieß Sprüchwort hat seinen guten Grund — die Narrheit allein hemmt der Jugend ihre schnelle Flucht, und entfernt das bösartige Alter. Es ist nicht mit Unrecht auf die Einwohner von Brabant angewendet worden. Andere Menschen werden mit Annäherung des Alters gescheider: bei diesen hingegen ist es umgekehrt; je näher sie dem Alter kommen, desto grössere Narren werden sie. Aber keine Nation ist auch angenehmer im Umgang, keine den Beschwerlichkeiten des Alters weniger unterworfen, als diese. An sie grenzen, sowol der Lage, als der Lebensart nach, meine Holländer — denn warum sollt' ich sie nicht mein nennen, da sie bis itzt so getreue Verehrer von mir gewesen, und sich dieses Beinamens so würdig gemacht haben; übrigens schämen sie sich seiner auch nicht, sondern sie sind noch stolz darauf, daß sie so geöhrt von mir werden.

Laßt sie nun hingehen die thörichten Sterblichen, und die Medeen, Circen, Venussen, Auroren (u), und, Gott weis was für eine Quelle aufsuchen, von welcher sie ihre Jugend wieder erwarten; ich bin die Einzige, die sie ihnen gewähren kann, und zu gewähren pflegt. Ich besitze jenen wunderthätigen Saft, womit Memnons Tochter ihrem Grosvater

(u) Medea machte die alten Leute durch magische Kräuter wieder jung. Circe verwandelte mit ihrer Zauberruthe die Menschen in was ihr beliebte. Aurora verlängerte ihrem Großvater Tithon seine Jugend, durch einen gewissen Saft. So fabelten die Dichter auch von einer Quelle, oder einem Brunnen der Jugend, von dem alte Leute ihre Jugend wieder erhielten.

Tithon seine Jugend verlängerte. Ich bin jene Venus, durch deren Begünstigung Phaon wieder jung wurde, daß ihn dann Sapho so unendlich liebte. Mein sind die Kräuter, von mir strömt der Segen, von mir fließt die Quelle aus, die nicht nur die verflossene Jugend wieder herstellt, sondern — was noch erwünschter ist — auch beständig erhält. Genehmigt ihr nun Alle diesen Ausspruch, nichts sey besser als die Jugend, nichts abscheulicher als das Alter: wie viel seid ihr mir dann schuldig! — und hoffentlich werdet ihr das selbst einsehen — wie viel seid ihr mir schuldig, mir, die ich euch im Genusse so vieles Guten erhalte, und so viel Uibel von euch entferne!

Doch was verweile ich noch bei den Sterblichen? Durchwandert den ganzen Olymp, und heißt mich, wie ihr wollt, wenn ihr da einen angenehmen und umgänglichen Gott findet, der es nicht durch meine Macht ist. Warum bleibt Bacchus immer so jung, warum behält er seine herabhangenden Haare so lange? Warum anders, als weil er immer albern und trunken ist, sein ganzes Leben mit Fressen und Saufen, Tanzen und Springen, wollüstigen Spielen und andern dergleichen Uippigkeiten vorüber taumelt, und mit der Pallas nicht das Geringste zu schaffen haben mag. Er ist so weit entfernt von dem Wunsche, für weise gehalten zu werden, daß er mehr Freude hat an den Possen und dem Gespäß in den Spinnstuben. Ihn beleidigt nicht das Sprüchwort: närrischer als Bacchus, ob ihm gleich dadurch der Name eines Narren beigelegt wird. Ferner gab man ihm den Namen Morychos (x), weil das muthwillige Bauern-

---

(x) μορυχος ist so viel als ein Schwelger oder Prasser. Die Einwohner von Sicilien gaben ihm diesen Namen.

volk seine Statue, die vor der Thüre des Tempels stand, mit Most und frischen Feigen gewöhnlich beschmierte. Wie spottete nicht seiner die alte Komödie! O was für ein dummer Teufel von einem Gott, (wird einmal gesagt) werth, daß er aus einer Hüfte geboren wurde. (y)

(y) Semele war eine von Jupiters Mätressen, die er ziemlich oft besuchte. Juno gerieth darüber in eine gewaltige Eifersucht, verstellte sich in die Kindermuhme der Semele, und beredete sie, daß

Aber wer möchte nicht lieber dieser närrische und alberne, immer lustige, immer junge Pursche und aller Welt Lustigmacher seyn, als jener falschgesinnte Jupiter, der jedermann fürchterlich ist; oder jener Pan (z), der durch seine Schrecken Alles mit Alter schändet; oder jener rusige Vulkan (a),

sie den Jupiter zum Zeichen seiner Liebe, bitten sollte, einmal so zu ihr zu kommen, wie er zur Juno, seiner Gemahlinn, käme; vorher aber sollte sie sichs versprechen lassen, bevor sie ihm ihr Begehren sagte. Jupiter versprachs, und konnte also nicht anders, als sein Wort halten. Er kam mit Donnern und Blitzen zu ihr, wovon Semele wider seinen Willen erschlagen wurde. Sie gieng eben 8 Monathe mit dem Bacchus von ihm schwanger. Jupiter nahm die unzeitige Geburt, nähte sie in seine Hüfte, und brachte nach einem Monathe den Bacchus zur Welt.

(z) Pan war der Gott der Hirten. Man glaubte, daß er der Urheber plötzlicher Schrecken sei, daher das Sprüchwort: Er hat mir ein Panisches Schrecken eingejagt. Er wird von oben als Mensch mit einem alten Gesichte, und von unten als ein Bock vorgestellt.

(a). Vulkan war Jupiters Hofschmidt, und schmie-

welcher immer von dem Kothe seiner Werkstätte strotzt; oder auch selbst die Pallas, die mit ihrem Medusenkopfe und mit ihrem Schilde immer schrecklich und scheel aussieht. Warum bleibt Kupido immer Knabe? Warum anders, als weil er nichts thut als tändelt, und nie gesund denkt oder handelt. Warum blühet die goldene Venus immer in beständiger Schönheit? Darum, weil sie meine Baase ist; ihr Gesicht ziert deswegen auch die Familienfarbe meines Vaters, und Homer nennt sie aus dieser Ursache die goldene Venus. Sie lacht auch beständig, wenn wir anders den Dichtern, und ihren Nachäffern, den Bildhauern, Glauben beimessen dürfen. Welche Gottheit haben wol die Römer mit mehrerer Achtung verehrt als die Flora, diese Mutter

dete dem Jupiter mit seinen Cyklopen Blitze und Donnerkeile. Man sehe die 9te und 10te Note.

aller Wollüste? (b) Jedoch auch die Lebensgeschichten jener ernsthaftern Götter, wie wir sie im Homer und in den übrigen Dichtern lesen, sind voller Narrheiten. Was brauch' ich euch hier die Streiche der Uibrigen zu erzählen, da euch des Donnerer Jupiters Liebeshändel und Possen zur Gnüge bekannt sind? Da ihr wißt, wie selbst jene strenge Diane ihr Geschlecht vergaß, den ganzen Tag in Wäldern herumjagte, und da mit ihrem Endimion liebelte (c). Doch Mo-

(b) Flora war ehemals eine personne publique in Rom gewesen, und hatte sich einen erstaunenden Reichthum erbuhlt. Diesen vermachte sie dem römischen Volke, mit dem Beding, daß man jährlich zu Rom ihren Geburtstag feire, welches denn nachher allemal den 28. April geschah. Hierbei gieng es nun so zügellos zu, daß der römische Rath die ganze Sache für höchst unanständig ansah, und zur Beschönigung die Flora zur Göttinn der Blumen erhob.

(c) Diana, eine Tochter der Latona (Väter soll sie mehr gehabt haben, und unter andern auch den

mus (d) mag lieber ihre Thaten erzählen, denn er konnt' es immer am besten. Drum haben sie ihn auch vor kurzem, nebst der Ate (e),

aus

Jupiter) und Schwester des Apolls, war die Göttinn der Jagd. Sie widmete sich der Hebammenkunst, und gelobte sich eine beständige Jungfrauschaft. Dieser unbeschadet zeugte sie doch mit ihrem geliebten Endimion ein 50 Töchterchen, vermuthlich, um in ihrer Kunst recht gewiß zu werden. Beiläufig will ich noch anmerken, daß man ihr auch den Beinamen, **die Keusche**, gegeben hat.

(d) Momus war der Rabener der Götter. Er tadelte und besatirisirte Alles, weswegen er von Allen äusserst gehaßt ward. Rabner war hierinn glücklicher; er konnte ungestraft sagen was er wollte, denn Jeder suchte den Getadelten in einem Andern auf, ob er gleich selbst das Original dazu war. Wiederum eine von den vielen Begünstigungen der Narrheit.

(e) Ate, die Urheberinn alles Schadens und Zanks. Sie geht mit ihren Füssen, nicht wie gewönlich auf der Erde, sondern auf den Köpfen der Menschen. Manche haben, mit nicht geringer Wahrscheinlichkeit, sie für des Teufels Großmutter gehalten.

aus dem Himmel verstoßen, weil seine Weisheit den Göttern bei ihrer lustigen Lebensart nicht allzuwohl behagte. Auch hier auf der Erde würdigt ihn in seiner Verbannung Niemand der Gastfreundschaft, und an den Höfen der Fürsten wird er vollends gar nicht gelitten; denn dort gilt meine Kolakia, zu welcher er eben so artig passen würde, wie der Wolf zum Schaafe. Nun, da sie seiner los sind, leben die Götter, wie Homer sagt, viel freier und lockrer; kurz, es geht drunter und drüber bei ihnen her, weil sie Niemanden mehr um sich haben, der sie dafür züchtiget. Was für Possen macht nicht jener garstige Priapus (f)? Wie treibt es Mer-

(f) Ficulnus Priapus, eigentlich der feigenbäumerne Priapus; denn dieses Holz wurde für das schlechteste gehalten, und wenn man eine Sache verächtlich ausdrücken wollte, so gab man ihr diesen Beinamen. Priapus war ein Sohn des Bacchus und der Venus, aber trotz seiner schönen Mutter

kur (g) nicht mit seinen Taschenspielkünsten
und Diebereien? Vulkan selbst läßt sich bei
den Schmäusen der Götter zum Narren brauchen, und belustiget seine Zechbrüder mit tausenderlei Ausgelassenheiten, wenn er um den
vollen Tisch herumhinkt. Drauf tanzt gewön-

ein gar häßlicher Pursche. Demungeachtet soll
er etwas an sich gehabt haben, was den Lamsace-
nerinnen sehr gefallen hat. Zur Dankbarkeit,
daß er eine Krankheit unter sie brachte, die ihnen
bis dahin noch unbekannt gewesen war, errichtete
man ihm einen Tempel, und setzte ihm Festtage
aus. Seine Statue, die man säuberlich ausputzte,
stellte man in die Gärten, um die Vögel zu ver-
jagen. Ausserdem muß ich noch erwähnen, daß
Lieder im Geschmack des Priapus bei
den Alten ohngefehr so viel, ja noch mehr
waren, als Lieder im Geschmack des
Grecourt.

(g) Merkur, der bekannte Götterbothe, hatte zugleich
die Nebenbedienung eines Präsidenten über die
Kaufleute und Spitzbuben. Ohne Zweifel brachte
man diese beiden Zünfte unter einen Zunftmei-
ster, weil sie sich zu der damaligen Zeit in manchen
Stücken ziemlich ähnlich waren, und die Handlung deswegen sehr verhaßt war.

lich der alte verliebte Geck Silen (h) den
Kordaxtanz (i), oder ein Cyclopentänzchen
mit dem Polyphem (k) indeſſen die Nimphen
den Tanz mit den nackenden Füſſen beginnen.
Oder die bockartigen Satyrn (l) führen ein

(h) Silen war ein alter Schalk, der den Nimphen
sehr gefährlich war. Da er des Bacchus Hofmeiſter geweſen, und ihn auf allen ſeinen Reiſen begleitet, ſo wird der geneigte Leſer ſchon von ſelbſt errathen, daß er ſich wohl aufs Trinken verſtand. Er war von Statur klein, hatte einen dicken Bauch, groſſe Ohren, und eine ziemlich platte Naſe. Sein Eſel iſt ſo berühmt geworden als er ſelbſt. Denn als einſt die Rieſen wider die Götter zu Felde zogen, und der Eſel einmal ſeine Stimme erhob, liefen die Rieſen aus Furcht alle davon, ſo daß die groſſen Götter einen vollkommnen Sieg davon trugen. Aus Dankbarkeit wurde der heldenmüthige Eſel unter die Sterne verſetzt.

(i) Ein lächerlicher Baurentanz, wobei viel Albernheiten vorgiengen.

(k) Einer von den Cyclopen oder Vulkans Schmiedeknechten. Sie hatten nur Ein groſſes rundes Auge mitten auf der Stirne.

(l) Satyren waren Halbgötter der Wälder und Berge. Sie werden zwar als Menſchen gebildet,

58

Atellanisches Ballet auf. (m) Auch Pan bleibt nicht zurück, sondern weis die göttliche Gesellschaft durch ein abgeschmacktes Liedchen auf einmal zu einem allgemeinen Gelächter zu stimmen, und hat sich dadurch bei Allen so sehr eingeschmeichelt, daß man ihn lieber hört als den harmonischen Gesang der Musen, wenn zumal die lustigen Tischgenossen schon etwas tief ins Nektarglas geguckt haben.

Und nach der Mahlzeit — soll ich euch erzählen, was sie dann vornehmen die erhabenen Götter, wenn sie sich wacker voll gesoffen haben? — Sie treiben das Wesen bis-

aber man giebt ihnen auch noch Hörner, Ohren, Beine und einen Schwanz, wie die Ziegen haben. Man schildert sie sehr unzüchtig, und weiset ihnen unter dem Gefolge des Bacchus ihren Platz an.

(m) Diese Tanzart soll sehr schändlich gewesen seyn. Sie hat ihren Namen von der Stadt Atella in Campanien, wo ein grosses Amphitheater war, auf welchem Komödien gespielet wurden.

weilen so sehr, daß ich mich kaum selbst des Lachens mehr enthalten kann. — Doch ich thue besser, ich denke hier an den Harpokrates (n), damit mich kein horchender Verräther über Geschichtchen ertappe, die selbst Momus nicht ungestraft erzählen dürfen.

Aber es ist Zeit, daß ich mich, nach Homers Beispiele, von den Göttern beurlaube, und auf die Erde wieder herablasse. Auch hienieden ist ohne meine Mildthätigkeit kein Vergnügen und keine Glückseligkeit zu finden. Ihr sehet insonderheit, wie vorsichtig Mutter Natur, die Werkmeisterin des ganzen menschlichen Geschlechts dafür gesorgt, daß nirgends ein Mangel sei an der Würze der Narrheit. Denn da Weisheit — wie die Stoiker sie

---

(n) Harpokrates war der Gott des Stillschweigens, und leitet seinen Ursprung von den Egyptiern her. Er wird gewöhnlich mit einem auf den Mund gelegten Finger vorgestellt.

definiren — nichts anders ist, als der gesunden Vernunft gemäß leben, und Narrheit hingegen nichts anders, als sich der Willkühr seiner Triebe und Neigungen überlassen — so hat Jupiter dem Menschen weit mehr Neigungen und Leidenschaften als Vernunft gegeben, damit ihm das Leben nicht ganz traurig und freudelos dahinschleiche. Auf diese Art verhalten sich seine Neigungen zu seinem Verstande ohngefehr wie das Pfund zum Quentchen. Uibrigens hat Jupiter die Vernunft in einen engen Winkel des Kopfs hinein verwiesen, und den Leidenschaften den ganzen übrigen Körper zum Wohnplatz gelassen. Dann hat er, so zu sagen, zween gewaltige Tirannen einem einzigen entgegengestellt; der eine ist der Zorn, welcher die Citadelle der Eingeweide, nemlich das Herz, die Quelle des Lebens, inne hat; und der andere die

Begierde, deren Herrschaft sich sogar über den Unterleib hinaberstreckt. Wie wenig nun die Vernunft über diese zwo feindlichen Armeen vermöge, beweiset die gewönliche Lebensart der Menschen zur Gnüge; die Vernunft mag sich fast heischer wider sie schreien — das einzige was sie noch in ihrer Gewalt hat — sie richtet doch durch all ihr Moralisiren so viel als nichts aus. Die beiden Rebellen hingegen bieten ihrem König Trotz, und lehnen sich immer heftiger wider ihn auf, bis er des Getreibs endlich müde wird, ihnen gutwillig nachgiebt, und das Gewehr streckt.

Da nun der Mann zu so mancherlei Geschäften geboren ward, so mußte ihm auch nothwendig von dem Quentlein Vernunft etwas mehr zugetheilt werden. Um nun hierinn so zu verfahren, wie es einem Mann entspräche, zog mich Jupiter, wie bei andern Dingen, auch hierüber zu Rathe; und da gab ich ihm denn einen Rath, der meiner nicht unwürdig war. Leg' ihm ein Weib zu, sprach ich; dieß sei zwar ein närrisches und wunderliches Geschöpf, dabei aber drollicht und anmuthig, damit sie durch ihren häußlichen Umgang die finstere Gemüthsart des Mannes durch ihre muntere Laune aufhelle, und seinen Ernst mit ihrer Narrheit würze. Denn wenn Plato Bedenken zu tragen scheint, zu welcher Art von Thieren er das Weib rechnen solle — ob zu den Vernünftigen oder Unvernünftigen — so will er damit weiter nichts anzeigen, als die hervorstechende Narrheit ihres Geschlechts. Läßt sich etwa ein Weib einfallen, die Philosophinn zu spielen, so zeigt sie sich dadurch nur als eine doppelte Närrinn: ist es damit nicht eben so, als wenn man eine

Gans wollte singen lehren? — Wer, wider seine Natur, mehr seyn will, als er ist, und seine Fehler mit der Schminke der Tugend überzieht, zeigt seine Blöße nur um so viel merklicher. Nicht übel paßt hierher ein Sprüchwort der Griechen: Affe bleibt Affe, und wenn er in Purpur einherträte. So ist es auch mit dem Weibe: sie bleibt immer Närrinn, sie mag nun eine Rolle spielen wollen, welche sie will.

Doch glaub' ich nicht, meine schönen Damen, daß Sie Ihre Narrheit so weit treiben könnten, mir deswegen aufsätzig zu werden, weil ich, die ich doch selbst ein Frauenzimmer, ja die Narrheit selbst bin — Ihnen Narrheit zuschreibe. Wenn Sie die Sache recht bei Lichte besehen, so sind Sie der Narrheit noch vielen Dank schuldig, weil Sie durch sie weit glücklicher sind als die Männer. Erstlich haben die Frauenzimmer etwas, was sie billig für ihr größtes Kleinod halten, und womit sie selbst über Tirannen Tirannei ausüben — Schönheit. Denn wo rührte sonst die häßliche Gestalt, die rauhe Haut, der waldichte Bart und all das Aeltliche beim Manne her, als vom Laster der Klugheit: Da hingegen die immer glatten Wangen, die Feinheit der Stimme, und die sich immer weich anfühlende Haut beim Frauenzimmer, gleichsam eine beständige Jugend verrathen? Zweitens haben sie in diesem Leben wol einen andern Wunsch, als den Mannspersonen recht zu gefallen? Zweckt nicht ihr beständiges Putzen, Schminken, Reiben, Frisiren, Salben, wohlriechendes Waschen, und alle die Künste, die zur Verschönerung ihres Gesichts, ihrer Augen, und ihrer Haut zusammen arbeiten — zweckt nicht das Alles dahin ab? — Können sie sich auch

wol die Gunst der Männer auf eine andere
Art erwerben, als durch ihre Narrheiten?
Denn was gestatten ihnen diese nicht? Und
was bewegt sie dazu anders, als das Vergnügen, das sie von ihnen haben? Nun aber
können sie durch nichts vergnügen, als durch
ihre Narrheit. Diese Wahrheit wird Niemand läugnen, wenn er überdenkt, was für
Albernheiten ein Mann mit einem Weibe zu
begehen pflegt, so oft er seine Lust bei ihr zu
büssen sucht.

Ihr kennt nun die Quelle des ersten und vorzüglichsten Vergnügens des Lebens. Aber es giebt Leute und besonders giebt es deren unter den Alten, die sich lieber mit den Gläsern als mit den Weibern abgeben, und deren größte Ergözlichkeit ist, wenn sie sich unter ihren Zechbrüdern weidlich herumtummeln können. Ob es aber bei so einem Schmaus, wo kein Frauenzimmer dabei ist, lustig und vergnügt zugehen kann, will ich nicht untersuchen. Dieß ist wenigstens ausgemacht, daß nichts den Reiz der Annehmlichkeit hat, was nicht mit Narrheit gewürzt ist. Befindet sich Niemand unter der Gesellschaft, der die übrigen Anwesenden mit seiner Narrheit, sie mag ihm nun natürlich oder blos angenommen seyn, zu belustigen vermag; so dingt man wol gar einen Hanßwurst, oder ladet sonst einen lächerlichen Schma-

rozer zu Gaste, der durch Narrenpossen und
spashaftes Geschwätz das Stillschweigen und
die Traurigkeit des Gelags unterbrechen und
vertreiben muß. Denn warum sollte man
blos den Bauch mit so vielerlei Delikatessen
und Leckerbischen des Nachtisches anfüllen,
und nicht auch den Augen und Ohren, ja
dem ganzen Gemüthe mit Lachen, Scherzen
und schnurrigen Einfällen ein Fest geben? —
Wer weis das aber alles so geschickt einzu-
fädeln und anzuordnen? — Moi, mes bien-
aimés, c'est moi qui sait preparer toutes
ces confitures. So rühren auch jene übrigen löblichen Gebräuche, als das Losen um
die Würde des Trinkkönigs (o), das Zutrin-
ken, das Herumsingen (p), das Würfel-

(o) Das Amt eines Trinkkönigs ist, einem Jeden
vorzuschreiben, wie viel er trinken solle.
(p) Beim Herumsingen hatten die Alten folgende
Gewohnheit. Derjenige, welcher den Anfang

spiel, und dergleichen Narretheien mehr keineswegs von den sieben Weisen Griechenlands, sondern von mir her. Ich habe sie erfunden, zur Behaglichkeit des menschlichen Geschlechts erfunden. Und mit allen diesen Dingen hat es folgende Bewandniß: je narrenhafter sie sind, desto ersprießlicher sind sie dem menschlichen Leben. Denn wäre wol ein freudeloses Leben auch Leben zu nennen? Freudelos und traurig müßt' es aber seyn, wenn man nicht den angebornen Unmuth und Verdruß durch dergleichen Ergötzlichkeiten zu verbannen suchte.

Möchten sich aber vielleicht Personen finden, die sich aus dieser Art von Lustbarkei-

    machte, nahm einen Myrtenzweig in die Hand, und wenn er sein Stückchen geendigt hatte, überreichte er ihn dem Folgenden. Und so giengs die Reihe herum.

ten nichts machen, sondern ihr Vergnügen blos in der Liebe ihrer Freunde und in ihrem vertraulichen Umgang suchen; welche behaupten, die Freundschaft allein verdiene vor allen andern Dingen den Vorzug; sie sei dem Menschen so nothwendig, als es ihm Feuer, Wasser und Luft seien; sie sei so etwas angenehmes, daß, wenn man sie der Welt entziehen wollte, es eben so gut sei, als wollte man sie der Sonne berauben; ja sie sei so etwas rechtschaffenes und gutes — wenn dieß anders etwas zur Sache thut — daß selbst die Philosophen kein Bedenken getragen, sie unter die vorzüglichsten Güter dieser Welt zu zählen. — Eh bien! ich will ihnen das zugeben. Wie aber, wenn ich erweise, daß ich ebenfalls die Quelle bin, aus welcher dieses so grosse Gut ausströmt? — Meine Beweise aber

aber sollen nicht in Krokodillsschlüssen (q), in auf einander gehäuften Sillogismen, und andern dergleichen spitzfindigen Sophistereien bestehen; sondern auf die ungekünstelteste Art will ich's euch darthun, daß ihr es mit Händen greifen sollt.

Merkt demnach auf, meine Zuhörer. Grenzt das nicht so ziemlich an Narrheit, wenn man den Fehlern seiner Freunde durch die Finger sieht, oder sie wol nicht einmal sehen will; wenn man sogar in die Augen fallende Laster als Tugenden an ihnen liebt und bewundert?

(q) Ein verfänglicher Schluß, den ein Krokodill einem Weibe vorgelegt haben soll, dessen Sohn es geraubt hatte. „Wenn du, sprach es, die Wahrheit reden wirst, so will ich dir deinen Sohn wieder geben." Die Mutter antwortete: Du wirst mir ihn nicht wiedergeben. Ich hab' itzt die Wahrheit gesagt, gib mir ihn zurück. — Ja, sprach das Krokodill, wenn ich dir ihn nun wieder gäbe, so hättest du ja gelogen."

E

Wie wollt ihr das nennen, wenn ein Liebhaber ein Muttermahl an seiner Schönen so werth hält, daß er es mit seinen Küssen bedeckt; wenn ein Anderer mit Entzücken den Polypengeruch aus der Nase seines Schätzchens in sich zieht; wenn ein Vater die schielenden Augen seines Sohns für liebäugelnd hält — sagt mir, was ist das anders, als die offenbarste lauterste Narrheit? Schreie man doch dawider, so viel man will: die Narrheit allein bringt Freunde zusammen, und erhält sie bei einander.

Hier rede ich nur von Sterblichen, unter welchen Keiner ohne Fehler geboren wird, und nur der ist hierunter der beste, dem die wenigsten zu Theil geworden. — Denn unter jenen weisen Göttern giebt es entweder gar keine Freundschaft, oder sie ist wenigstens ziemlich unfreundlich und unangenehm. —

Freundschaft findet nur unter sehr Wenigen Statt; denn unter gar Niemanden — bin ich zu gewissenhaft zu sagen; und zwar deswegen, weil der größte Theil der Menschen unklug, ja villeicht nicht ein Einziger unter ihnen ist, der nicht an hunderterlei Narrheiten kränkelt. Uibrigens entspinnt sich eine vertraute Freundschaft nur unter Gleichgesinnten. Aeussert sich auch zwischen ernsthaften Leuten eine Art von Gewogenheit, so ist sie doch nicht sehr beständig, sondern meist von ziemlich kurzer Dauer, zumal zwischen eigensinnigen Murrköpfen, die trotz dem Adler, trotz der Epidaurischen Schlange (r) mit ihren scharfsichtigen Blicken ihrer Freunde Fehler

---

(r) Epidaurus war eine Stadt in Achaja, berühmt wegen des Tempels des Aeskulaps, des Gottes der Arzneikunst. In diesem Tempel befand sich eine der Minerva geheiligte Schlange, welche sehr weit und scharf sehen konnte. Daher ist dieses Thier das Sinnbild dieser Kunst geworden.

auszuspähen wissen. Gegen ihre eigenen Fehler hingegen sind sie blödsichtig; denn der Balke in ihren eigenen Augen macht sie blind dagegen.

Da es nun in der Natur des Menschen liegt, daß Niemand ganz fehlerfrei seyn kann, weil die Menschen unter einander an Jahren und Neigungen sich so ungleich, in Fehltritten und Irrthümern so verschieden, und dabei so mancherlei Zufällen des menschlichen Lebens ausgesetzt sind — wie könnte die Freundschaft vor den forschenden Blicken eines solchen Argus (s) ihren angenehmen Reiz behaup-

(s) Argus hatte hundert Augen, so daß er rings um sich sehen konnte, ohne sich weiter zu bewegen. Seine Geschichte ist diese: Jupiter hatte eben mit der Jo die Zahl seiner Kebsweiber vermehrt, als er merkte, daß Juno Wind davon haben müsse. Um nun das arme Mädchen nicht dem Zorn der Juno auszusetzen, verwandelte sie Jupiter in eine schöne Kuh. Die Juno merkte es aber, und setzte den Argus zum Hüter über sie. Hierauf schickte

ten, wenn das nicht damit verknüpft wäre, was die Franzosen so artig Complaisance nennen, und die Deutschen durch Narrheit oder Gutherzigkeit übersetzen können.

Wie aber? ist nicht Cupido (t), der Stifter und Vater jeder Art von Freundschaft, selber

<blockquote>
Jupiter den Merkur an ihn ab, der ihn mit seiner Musik einschläferte, und alsdenn umbrachte. Juno betrübte sich darüber, nahm die hundert Augen aus seinem Kopfe, und setzte sie auf den Schwanz ihres Lieblingsvogels, des Pfaus, der noch heutiges Tages damit geziert ist.

(t) Man erzählt (das Mährchen ist bekannt)
Ganz erstaunlich viel von diesem Kinde,
Welchem Mama Venus eine Binde
Um die allzuscharfen Augen band.
Ohne Zweifel that sie es aus Liebe,
Daß es nicht, wie oft, beim Schlafengehn,
Von dem Licht und vielem Sehn,
Sich so sehr die kleinen Augen riebe.
Manche und die Meisten sagen zwar,
Venus habe sie aus andern Gründen
Ihm für gut befunden, zu verbinden,
Weil er gar ein loser Vogel war.
   Das bei Seite: wenn ich meine Meinung
Von dem kleinen Buben sagen soll,
</blockquote>

gänzlich blind? Er hält oft für schön, was
es gerade am allerwenigsten ist; und diese
nemliche Wirkung bringt er auch unter euch
hervor: Jedem dünkt das schön zu seyn was
Sein ist; ein Alter schäkert mit seiner Alten
eben so verliebt herum, als wie ein junger
Mensch mit seinem Mädchen. Uiberall pflegt
dieß so zu gehen, und auch überall belacht zu
werden; und doch sind es gerade diese Lächer-
lichkeiten, welche das angenehme Band des

 Nun so halt' ich ihn, nach der Erscheinung
 In den Dichtern aller Tücke voll.
 Der beschreibt ihn wie den wilden Jäger,
 Der durch Berg' und Thäler saußt;
 Jener, wie des Zachariä Schläger,
 Der in allen Gassen braußt.
 Und doch hat er sich alsdenn bei Mädchen
 Ziemlich artig wieder aufgeführt,
 Und durch manche süsse Stoßgebetchen
 Ihr empfindlich Herz gerührt.
 Drollicht gnug, bei meiner höchsten Ehre!
 Itzt ein Stutzer, erst ein Renomist! —
 Wer's nicht wüßte, dächte gar, er wäre
 Wenn er kniet — ein Pietist.

gesellschaftlichen Lebens befestigen und zusammenhalten.

Was ich hier von der Freundschaft gesagt, ist noch vielmehr von der Ehe zu verstehen, welche nichts anders als eine unzertrennliche Lebensvereinigung ist. Gott soll uns behüten! was für Ehescheidungen würde das geben, ja was für noch weit größeres Unglück würde daraus entstehen, wenn nicht der häußliche Umgang von Mann und Weib durch gegenseitiges Anschmeicheln, durch scherzhaftes Wesen, durch Willfährigkeit, List und Verstellung — alles Werkzeuge meines Gefolges — unterhalten und befestiget würde! Ei! wie wenig Heirathen würden vollzogen werden, wenn sich der Bräutigam immer vorher weislich erkundigte, wie es seine ehrsame und tugendbelobte Jungfer Braut vor der Hochzeit

getrieben! Wie noch weit weniger Ehen aber
würden zusammenhalten, wenn nicht die
meisten Streiche der Weiber durch die Unacht-
samkeit oder Dummheit der Männer unent-
deckt blieben! Dieß wird nun freilich mit
allem Recht der Narrheit beigemessen; indessen
sorgt sie aber doch dafür, daß die Liebe zwischen
Mann und Frau nicht ganz verlöscht, im
Hause Friede und Ruhe erhalten wird, und
die lieben Eheleute folglich in so ziemlich gutem
Vernehmen mit einander bleiben. Der gute
Mann wird zwar ausgelacht, ein dummer
Teufel, ein Hahnrei, und Gott weiß! was
mehr geheissen, wenn er die Thränen seines
ehebrecherischen Weibes von ihren Lippen
einschlürft. Aber wie weit glückseliger ist der
Mann, welcher in einem so glücklichen
Irrthume schwebt, gegen den, der sich sein
Leben durch Eifersucht abfrißt, und den hei-

tersten Himmel um sich her durch seine Grillen verfinstert!.

Kurz, ohne mich kann keine Gesellschaft, keine Verbindung angenehm und dauerhaft seyn; ohne mich würde kein Volk seinen Fürsten, kein Knecht seinen Herrn, keine Magd ihre Frau, kein Schüler seinen Lehrer, kein Freund seinen Freund, kein Weib ihren

Mann, kein Gutsherr seinen Pachter, kein Kamerad den Andern, kein Tischgenoß den Andern lange ertragen können, wenn sie nicht bald gegenseitige Fehler unter einander begiengen, bald sich wieder Schmeicheleien erwiesen, bald einander weislich durch die Finger sähen, oder sonst sich mit einem Honig der Narrheit überzuckerten. Nun weis ich wohl, daß man schon glaubt, Wunder was das sei! aber ihr sollt noch weit mehr hören. Sagt, ist der wol fähig Jemanden zu lieben, der sich selbst haßt? Kann derjenige, der mit sich selbst uneinig ist, mit einem Andern in Einigkeit leben? Kann der wol Andern Freude machen, der sich selbst zur Last ist? — Ich sollte nicht meinen, daß Jemand dieses wider mich behaupten möchte, er müßte denn der Narrheit selbst an Narrheit überlegen seyn. Sollte man aber glauben mich entbehren zu können, so würde man bald finden, daß dann Niemand den Andern ertragen könnte, daß Jedermann sich selbst überdrüssig werden, daß ihm Alles, was er hat, anekeln, daß er sich selbst feind werden würde. Die Natur, welche sich in nicht wenig Dingen, mehr wie eine Stiefmutter als eine rechte Mutter erwiesen, hat ohnedieß den Gemüthern der Sterblichen, besonders jenen bessern Seelen, dieses Uibel eingepflanzt, daß sie von dem, was sie haben, gering denken, und von Andern Dingen, die sie nicht haben, sich höhere Begriffe machen. Durch dieses Uibel werden alle Vortheile, alle Annehmlichkeiten, alle Schönheiten des Lebens zerstört und zu Grunde gerichtet. Was nützt die Schönheit, dieses vortrefliche Geschenk der unsterblichen Götter, wenn man durch eignes Verschulden ihre Reize zernichtet? Wozu nützt die Jugend, wenn sie unter den

mürrischen Kopfhängereien des Alters dahin⸗
welken soll? Was würdet ihr wol in eurem
Leben — denkt euch in Umstände, in welche
ihr wollt — was würdet ihr wol bei euch
selbst und bei Andern mit gehörigem Anstand
thun können — eine Kunst die warlich nicht
die kleinste, und bei jeder Handlung das Haupt⸗
werk ist — wenn euch nicht die Eigenliebe,
die mir statt einer leiblichen Schwester gilt,
weil sie sich als eine so eifrige Partheigän⸗
gerinn von mir zeigt, in allem euren Thun
unterstützte.

Aber wo giebt es eine Narrheit, die der
Narrheit, sich selbst zu gefallen, sich selbst zu
bewundern, gleichkömmt? Mißfallt ihr euch
hingegen selbst, wie vermögt ihr eine Hand⸗
lung zu begehen, welche artig, beliebt und
wohlanständig wäre? Nehmt diese Würze des
Lebens hinweg, und sogleich wird das Feuer

des Redners erkalten; die lieblichsten Töne des größten Tonkünstlers werden aufhören zu gefallen; der Marktschreier wird mit seinen Gaukeleien ausgepfiffen; der Poet samt seinen Musen verlacht; der Maler mit aller seiner Kunst verachtet werden; der Arzt mit allen seinen Arzeneien Hungers sterben müssen. Endlich wird man euch gar statt eines Nireus für einen Thersites (u) statt eines Phaons für einen Nestor (x), statt einer Minerva für ein Schwein (y), statt eines beredten

(u) Nireus, König von der Insel Naros, soll unter der griechischen Armee vor Troja der schönste, so wie Thersites der heßlichste Mann gewesen seyn.

(x) Phaon wurde von der Venus aus Liebe zur Sappho wiederum verjüngt. Dem Nestor hingegen wird ein Alter von drei Jahrhunderten zugeschrieben. S. die 19. Note.

(y) Schwein ist hier so viel als dumm und ungeschickt. Wenn ein dummer Teufel einem verständigen oder einsichtsvollen Menschen belehren wollte; so brauchten die Lateiner das Sprüchwort: Sus Minervam, oder Sus cum Minerva.

Menschen für einen der nicht einmal den Mund öffnen kann, statt eines Galant-homme für einen Bauer ansehen.

So nothwendig ist es, daß Jeder sich selbst schmeichle, und durch diese Fuchsschwänzerei sich gleichsam vorher selbst empfolen werde, ehe er Andern empfolen seyn kann. Da es nun eine der vorzüglichsten Glückseligkeiten des Lebens ausmacht, das seyn zu wollen was man ist; so weis die Eigenliebe, diese meine treue Gefährtinn, es überhaupt dahin zu vermitteln, daß nicht leicht Jemand mit seiner

Bildung, seinen Talenten, seinem Geschlechte, seinem Zustande, seiner Lebensart, und seinem Vaterlande ganz unzufrieden ist; so daß kein Irrländer mit einem Italiener, kein Thracier (z) mit einem Athenienser, kein Scythe (a) mit den glückseligen Inseln tauschen würde.

Und wie so weislich hat die Natur dafür gesorgt, daß bei einer so grossen Verschiedenheit von Dingen eine fast allgemeine Gleichheit herrscht. Wenn sie mit ihren Gaben einen weniger bedacht, so hat sie ihm dafür mehr Eigenliebe zugelegt. Doch wie thöricht ich

(z) Die Thracier waren ein sehr rauhes und bundbrüchiges Volk, daher werden sie der verfeinertsten Nation der damaligen Zeit, den Atheniensern, entgegengestellt.

(a) Die Scythen waren ebenfalls ein sehr wildes und hartes Volk. Ihr Land war sehr groß; es nahm einen beträchtlichen Theil von Europa und Asien ein, und begriff einen Theil von Sarmatien und die grosse Tartarei in sich.

rede! als ob dieß nicht das größte Geschenk
wäre, was sie einem ertheilen könnte.

Ich will itzt nichts davon erwähnen, daß
keine grosse That, ohne meinen Antrieb, unternommen werde, daß es keine Kunst gebe, sie
sei so vortreflich als sie wolle, die nicht von
meiner Erfindung herrühre. Betrachtet den
Krieg, ist er nicht aller ruhmwürdigen Thaten
Gelegenheit und Ursprung? Was ist aber
närrischer, als — was weis ich aus was für
Ursachen — einen Streit anzufangen, von
dem beide Partheien immer mehr Schaden
als Nutzen ziehen. Denn auf diejenigen, so
darinnen umkommen, wird nicht gesehen.
Wann einmal die Armeen auf beiden Seiten
in Schlachtordnung stehen, und nun die
Trompeten erschallen und den Angriff des
Treffens verkündigen — sagt mir um des
Himmels willen! was nützen dann jene weisen
Männer,

Männer, die, durch lauter Plane erschöpft, für Erstarrung ihres Geblüts in den Adern kaum mehr athmen können? Starker und ausgefreßner Kerle bedarf es dann, die mehr Tollkühnheit als Verstand besitzen. Man müßte denn lieber Leute zu Soldaten haben wollen, wie Demosthenes, der den Rath des Poeten Archilochus (b), als er des Feindes ansichtig wurde, treulich befolgte — nemlich seinen Schild von sich warf, und das Hasenpanier ergriff. Er war zwar ein weiser Redner, allein als Soldat zeigte er sich von einer sehr schlechten Seite.

Aber auf Vorsichtigkeit und Klugheit, möchte man mir einwenden, kömmt ja im

(b) Archilochus war ein berühmter Dichter, von Paros gebürtig, der sehr höhnische und satirische Gedichte schrieb. In einem seiner Gedichte behauptete er, es sei viel gescheider, in einer Schlacht den Reißaus zu nehmen, als sich dem Tode auszusetzen. Dieser satirischen Behauptung wegen, mußte er landflüchtig werden.

Kriege erstaunend viel an. Bei einem General, räum' ich das ein: aber das eigentliche Soldatische ist kein Werk der Philosophie. Die Hauptsache wird immer durch Müssiggänger, Kuppler, Strassenräuber, Mörder, Bauerkerle, Dummköpfe, Bankerotirer, und andres dergleichen liederliches Gesindel ausgeführt, keineswegs aber von jenen philosophischen Lichtputzern oder Nachtphilosophen. Wie wenig diese im gemeinen Leben nützen, das mag Sokrates (c) selbst, den doch das Delphische Orakel, zwar so unklug als möglich, zum einzigen Weisen geprägt hatte, mit seinem Beispiele beweisen. Er wagte es, ich weis

(c) Sokrates war ein athenienfischer Philosoph, und der größte unter den Alten. Er verwarf die Vielgötterei, glaubte an einen Einzigen Gott, und wurde von der athenienfischen Inquisition zum Gifttrank verurtheilt. Er starb, so wie er gelebt hatte, als ein Weiser, und hofte in Elysium den Lohn für seine Tugenden zu erhalten,

nicht in was für öffentliche Geschäfte sich einzulassen; aber von Allen verlacht, mußte er davon abstehen. Darinn handelte er nun wol nicht unweise, daß er den Beinamen eines Weisen von sich ablehnte, und ihn, einzig und allein, Gott beilegte; daß er der Meinung war, ein Weiser müsse sich nie in Regierungsgeschäfte mischen: oder hätte er nicht vielmehr lehren sollen, wer unter den Menschen leben wolle, müsse sich nicht mit allzuviel Weisheit spicken? Was war Schuld daran, daß er zum Tode verurtheilt wurde, und den Giftbecher ausleeren mußte, was anders, als seine Weisheit? Denn über seine Wolkenphilosophie, über seine Ideenjagd, über seine mathematischen Ausmessungen, wie lang, wie breit, und wie dick der Fuß eines Flohs sei, über seine Bewunderung des Gesangs der Mücken— über alles das Zeug, sag' ich, vergaß er,

sich fürs gemeine Leben tauglich zu machen (d).
Als er zum Tode verurtheilt war, wollte
Plato, der ein Schüler von ihm war, für
seinen Lehrer auftreten; aber der trefliche
Fürsprecher wurde nicht gehört; es entstand
ein Lerm unter dem Volke, daß er kaum den
halben Perioden herausbringen konnte. —
Und vom Theophrast (e), was soll ich da
sagen? Kaum war er vor der Versammlung
aufgetreten, als er plötzlich verstummte, gleich
als ob er eines Wolfes ansichtig geworden (f).
Der würde den Soldaten im Kriege treflich

(d) Aristophanes, ein athenienfischer Komödienschreiber, brachte eine Komödie: die Wolken betitelt, auf die Bühne, worinn er den Sokrates lächerlich zu machen suchte. Er ließ ihn darinn die Wolken anbeten, und alles das begehen, was ihm die Narrheit hier vorwirft.

(e) Auch ein Athenienfischer Philosoph, und Schüler des Aristoteles.

(f) Die Römer glaubten, wer einen Wolf zum ersten Male gesehen, dem entfiele die Sprache.

Muth zugesprochen haben! — Isokrates (g) wagte es nicht einmal zu muchsen für allzugroſſer Schüchternheit. — Der Herr Burgermeiſter Cicero, der Vater der römiſchen Beredſamkeit, zitterte und ſtotterte allemal beim Anfang ſeiner Rede, wie ein Sekundaner (h). Und doch legt Fabius dieſe Feigheit den Rednern noch für eine Beherztheit aus, weil ſie, wie er ſagt, die Gefahr wohl einſähen, die damit verknüpft wäre. Räumt er aber mit dieſer Behauptung nicht zugleich ein, daß die Weisheit zu wackrer Ausführung einer Sache höchſt hinderlich ſei? Wie würden ſie ſich anſtellen, wenn die Sache mit dem

(g) Isokrates war auch ein berühmter athenienſiſcher Schriftſteller, und hat viel ſchöne Reden geſchrieben, aber keine einzige zu Vertheidigung einer Sache öffentlich gehalten, weil er ſo erſtaunend furchtſam war.

h) Cicero legt ſelbſt dieſes Bekenntniß von ſich ab, in der Rede für den König Dejotarus.

Schwerdt ausgemacht werden sollte, da ihnen schon das Herz in die Hosen fällt, wenn sie sich nur mit blossen Worten herumzufechten haben.

Und nun darf man wol noch aus dem herrlichen Ausspruch des Plato so viel Wesens machen, wo er sagt: Glücklich wären die Republiken, wenn sie Philosophen zu Regenten hätten, oder wenn ihre Regenten philosophiren möchten. Schlagt einmal die Geschichtschreiber nach, und ihr werdet finden, daß keine Regenten dem gemeinen Wesen schädlicher gewesen, als wenn einmal die Regierung auf einen solchen Afterphilosophen oder Gelehrsamkeitskrämer gefallen war. Hiervon könnte, dächt' ich, das Beispiel der beiden Catonen einen in die Augen fallenden Beweis ablegen. Der eine untergrub die Veste der Republik durch seine unsinnigen Anklagen und Bestrafungen; und der andere

richtete sie durch seine allzugrosse Uiberklug-
heit, mit welcher er die Freiheit des romi-
schen Volks zu vertheidigen suchte, völlig zu
Grunde. (i) Nehmt ferner die Brutusse,
die Cassiusse (k), die Gracchusse (l), und

(i) Der erste war Censor oder Lieutenant de Police
zu Rom, und bestrafte die damaligen herrschenden
Laster mit der größten Schärfe. Daher er auch
den Beinamen Censorius erhielt. Der andere
widersetzte sich der Gewalt des Cäsars, der die
Republik unterjochen wollte, aufs ernstlichste, bis
er endlich, da er sah, daß alles verloren war,
sich in Utika erstach, um dem Cäsar nicht in die
Hände zu fallen. Den ersten nennt man gewöhnlich Cato von Nicäa, oder den Censor, und den
andern Cato von Utika.

(k) Brutus und Cassius waren die Häupter der Ver-
schwörung wider Cäsars Leben, und auch seine
Mörder.

(l) Tiberius und Cajus. Ersterer wurde vom Scipio
Nasica ermordet, weil er zu sehr auf des Volks
Seite hieng. Cajus wollte den Tod seines Bruders rächen, eilte wüthend aufs Capitolium, und
als er da zurückgeschlagen wurde, auf den Berg
Aventinus, wo er vom Consul Opimius umgebracht wurde.

selbst den Cicero, der gewiß der römischen Republik nicht weniger Schaden zugefügt, als Demosthenes der Athenienſiſchen. (m) Nun nehmt einen guten Regenten — ich will gern zugeben, daß er es war — den Marcus Antoninus: aber auch er ist ein Beweis deſſen was ich behaupte; blos weil er so philoſophiſch dachte, war er den Bürgern so verhaßt. Gesetzt also, er war ein guter Kaiſer, so richtete er doch dadurch, daß er einen so ausgearteten Sohn, als Marcus Aurelius Commodus war, zum Nachfolger hinterließ, im Staat weit mehr Unheil an, als ihm

---

(m) Cicero ſchadete der Republik dadurch, daß er den M. Antonius so entſetzlich beleidigte und reizte, und sich selbst seinen beständigen Haß, ja selbst den Tod über sich brachte. Isokrates hingegen wiegelte seine Landsleute, die Athenienſer, zu einem Krieg wider den Macedoniſchen König Philippus auf, der ſehr unglücklich für sie ablief.

seine Regierung heilsam und segensvoll gewesen war.

Uiberhaupt pflegen diese Art Leute, welche sich auf das Studium der Weisheit legen, so wie in andern Dingen, vorzüglich auch mit ihren Kindern sehr unglücklich zu seyn. Und ich glaube, daß dieß eine besondere Vorsehung der Natur ist, damit das Uibel der Weisheit nicht gar zu weit um sich greife.

Cicero hatte, wie bekannt, einen sehr ungerathenen Sohn; und die Kinder des weisen Sokrates waren auch mehr der Mutter als dem Vater nachgeschlagen, wie uns ein gewisser Schriftsteller berichtet, das heißt, sie waren Thoren oder Narren.

Dieß möchte Alles noch angehen, wenn sie sich blos zu öffentlichen Aemtern so anstellten, wie der Esel zum Lautenschlagen: aber sie sind zu allen Verrichtungen und bei allen Vorfällen des menschlichen Lebens ganz untauglich und unbrauchbar. Ladet einen so genannten Weisen zu einem Gastmahl — entweder wird er wie ein Stock da stehen und den Mund nicht aufthun, oder er wird der Gesellschaft durch alberne und verdrießliche Fragen zur Last fallen. Fordert ihn zu einem Tanz auf — und es wird aussehen, als wenn ein Kameel tanzte. Schleppt ihn mit in ein öffentliches Schauspiel — und er wird durch sein murrköpfiſches Weſen die Luſt des Volks ſtören, oder ſich, wie der weiſe Cato (n) genöthiget ſehen, aus dem Tempel hinauszuwandern, wenn er ſein finſtres mürriſches Geſicht nicht ablegen will. Laßt euch in ein Geſpräch mit ihm ein — und ehe eine Minute vergeht, wird es ſchon wieder aus ſeyn. Wenn es darum zu thun iſt, etwas zu kaufen, einen Vertrag zu ſchlieſſen, kurz, wenn es auf Sachen ankömmt, die mit dem menſchlichen Leben unumgänglich verbunden ſind; ſo werdet ihr dieſen weiſen Mann eher

(n) Man erzählt von dieſem Cenſor, daß er ſich im Schauſpielhauſe befand, als die Floralia mit einem Schauſpiel gefeiert werden ſollten. Die Schauſpieler aber wollten vor ihm nicht ſpielen, weil nackende Männer und Weiber drinn vorkamen, welche die zügelloſeſten Tänze mit einander aufführten. Da befahl man ihm, entweder ſein trotziges finſteres Geſicht abzulegen, oder ſich wegzubegeben. Cato ergriff die letztere Parthei.

für einen Klotz als für einen Menschen halten. So untüchtig ist er, daß er also weder sich selbst, noch seinem Vaterlande, noch den Seinigen in irgend etwas nützen könnte, weil er in dergleichen häußlichen und gemeinnützigen Dingen gänzlich unerfahren ist, und von der gewönlichen Meinung, und von den allgemein angenommenen Gewohnheiten und Einrichtungen himmelweit abgeht. Übrigens muß auch hieraus, wegen so grosser Ungleichheit des Charakters und der Lebensart, nothwendig eine Art von Haß erfolgen.

Wie wimmelts nicht unter den Sterblichen von Narrheit! Sieht man nicht Narren an Narren? Gesetzt auch, es wollte sich einer auszeichnen, und wider den Strom schwimmen; lieber wollt' ich dem rathen, sich wie Timon (o), in eine Einöde zu begeben, und

(o) Timon von Athen, war ein allgemeiner Menschenfeind. Den berühmten Alcibiades liebkosete

da ganz allein nach Belieben von seiner Weisheit zu zehren.

Aber um auf mein Vorhaben zurückzukommen: welche Gewalt hat jene steinernen, eichbäumernen und wilden Menschen in die Form einer bürgerlichen Gesellschaft gezwungen? That es nicht die Schmeichelei? Denn die Leiern des Orpheus und Amphions (p)

er in seiner Jugend darum, weil er von ihm glaubte, daß er einst den Atheniensern viel Unheil anrichten würde. Einsmals trat er auf den Rednerstuhl, und erzählte dem zusammenlaufenden Volke, daß sich verschiedene Bürger an seinem Feigenbaum aufgehenkt hätten, und daß, wer etwa Lust und Belieben hätte, ihrem Beispiele zu folgen, beizeiten dazu thun müsse, weil er willens sei, ihn nächstens umhauen zu lassen. Endlich begab er sich aus bloßem Menschenhaß in eine Einöde. Nach seinem Tode wurde er an das Ufer des Meers begraben; das Wasser wusch aber das Erdreich um sein Grab weg, so daß es nun auf einer kleinen Insel stand, und er also noch im Tode von den Menschen getrennt ward. Lucian schildert ihn in einem Gespräch.

(p) Orpheus war ein so geschickter Virtuose auf der Leier, daß er Berge und Wälder mit seiner Musik

bedürfen wol keiner weitern Auslegung. Was hat das römische Volk, als es mit ihm aufs äusserste gekommen war, zur bürgerlichen Eintracht wieder zurückgebracht? Etwa eine philosophische Rede? — nichts weniger als das: Aber wohl ein lächerliches und kindisches Mährchen vom Bauche und den übrigen Gliedern des menschlichen Körpers. (q)

in Bewegung setzte, und die wilden Thiere ihm nachtanzten. Amphion gab ihm an Geschicklichkeit nichts nach, sondern brachte es mit seiner Musik dahin, daß selbst die Steine um Theben freiwillig zusammen liefen, und sich zu einer Mauer aufthürmten. Mich dünkt, diese Allegorie bedarf keiner Erklärung.

(q) Als einmal das römische Volk wider den Senat ausserordentlich aufgebracht war, so wurde Menenius Agrippa an dasselbe abgeschickt, den Senat wieder mit ihm auszusöhnen. Er versuchte es also mit folgendem Mährchen. „Die Glieder des menschlichen Körpers empörten sich einmal wider ihren Bauch, weil er ganz und gar nichts thue, und alle übrigen Glieder diesen Müssiggänger ernähren müßten. Sie verschworen sich also, ihm inskünftige keinen Unterhalt

Die nemliche Wirkung hatte eine ähnliche Fabel des Themistokles vom Fuchs und Igel (r). Welche Rede von einem Weisen hätte das auszurichten vermocht, was des Sertorius fabelhafte Hirschkuh (s), seine lächerliche

mehr zu geben. Die sämtlichen Glieder spürten aber bald eine ausserordentliche Mattigkeit, und wurden inne, daß der Bauch doch arbeite, ob seine Beschäftigung gleich nicht so sichtbar wäre." Auf diese Vorstellung gab sich das römische Volk zufrieden, und Jedermann kehrte ruhig in seine Wohnung zurück.

(r) Ein durstiger Fuchs (so erzählte Themistokles den aufrührischen Atheniensern) fiel mitten im Sommer bei grosser Sonnenhitze, als er sauffen wollte, in einen Graben. Eine Menge Fliegen, die eben so durstig waren, wie er, machte sich über den aus dem Wasser hervorragenden Fuchs her, und plagten ihn gewaltig. Ein Igel lief vor dem Orte ohngefehr vorüber, und bot dem Fuchs seine Hülfe an. Habe Dank, sprach der Fuchs. Diese sind itzt satt, wenn du sie wegjagtest, so möchten andere Hungrige kommen, und mir das bischen Blut vollends aussaugen, was ich noch habe.

(s) Da sich Sertorius Jberien unterworfen hatte, täuschte er die Barbaren dadurch, daß er eine

96

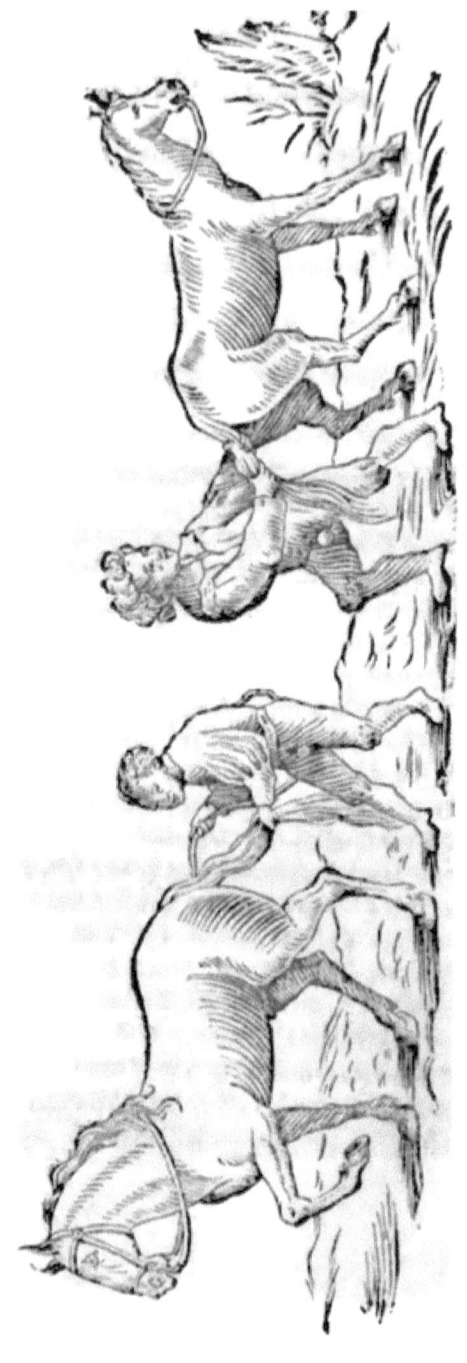

lächerliche Geschichte vom Ausreissen der Pferdeschwänze (t) und die Erfindung jenes berühmten Lacedämoniers mit den beiden Hun-

> weisse Hirschkuh so gewöhnte, daß sie, so oft er sie rief, zu ihm kam, und ihm überall nachlief, wo sie ihn erblickte. Dadurch machte er sie glauben, daß ihm die Hirschkuh von der Diana zugeschickt worden, um ihm gewisse Dinge zu entdecken. Denn so oft er muthmassete, daß der Feind im Anmarsch sei, stellte er sich, als wäre es ihm von der Hirschkuh angezeigt worden. Durch diese List brachte er es dahin, daß ihn die Iberier als eine Gottheit verehrten.
>
> (t) Als Sertorius in Hispanien wider den Pompejus zu Felde zog, und die Barbaren seinem Commando nicht recht gehorchen wollten, ließ er zwei Pferde vor die Armee führen, ein mageres und ein fettes. An das Magere ließ er einen starken Mann stellen, der den Schwanz des Pferdes auf einmal ausreissen sollte; an das Fette hingegen einen Mann von geringer Statur, der die Haare aus dem Schwanze des fetten Pferdes einzeln ausrauffen mußte. Dieser gelangte bald zum Zweck, jener aber richtete, trotz seiner Stärke nichts aus. Seht, sprach nun Sertorius, vermag nicht die Klugheit mehr als die Stärke? Vieles was nicht aufs erste Mal erzwungen werden kann, wird nach und nach doch noch erzwungen.

den ausrichteten (u). Vom Minos (x) und Numa (y) will ich nicht einmal etwas sagen.

(u) Dieser berühmte Lacedämonier war der Gesetzgeber Lykurgus. Um den Unterschied der Erziehung anzuzeigen, nahm er zween Hunde von der Mutter und ließ sie verschieden auferziehen, den einen zu einem faulen und gefräßigen Haushund, und den andern zu einem muthigen Jagdhund. Nun gieng er damit in die Versammlung des Volks. In die Mitte ließ er einen Topf mit Speisen, und einen Hasen stellen; und nun wurden die beiden Hunde aus ihrem Behältnisse herausgelassen. Sogleich stürzte der Jagdhund auf den Hasen los; der gefräßige Haushund aber lief in aller Ruhe dem Topf mit Speisen zu. Da ihn die Lacedämonier fragten, was das bedeuten solle, antwortete er ihnen folgendes: Diese beiden Hunde sind von einerlei Aeltern, aber durch die verschiedene Auferziehung, die sie erhalten haben, ist der eine ein braver Jagdhund und der andere ein fauler und gefräßiger Küchenhund geworden.

(x) Minos war ein König von Creta, und gab vor, er werde alle neun Jahre in die geheime Conferenz des Jupiters eingelassen, aus welcher er neue Gesetze mitbrachte, und sie dann dem Volke vorlegte. Dadurch erlangte er bei ihm ein Ansehen, und zugleich auch seinen Zweck.

(y) Die ganze Regierung des Numa zeugt von seiner

Wie haben diese Beiden das thörichte Volk nicht durch ihre fabelhaften Erfindungen

grossen Politik. Die verschiedenen Religionseinrichtungen die er machte, waren eben so viel kräftige Hülfsmittel das zusammengelaufene räuberische Volk in Gehorsam und Ehrfurcht zu erhalten. Auch gab er vor, als pfleg' er bei Nachtzeit mit der Göttinn Aegeria eine geheime Unterhaltung, in welcher sie ihm rieth Opfer anzuordnen, und Gesetze zu geben.

regiert! Durch dergleichen Possen läßt sich diese grosse und mächtige Bestie, das Volk, lenken und führen. Aber welche Stadt hat jemals die Gesetze eines Plato (z), eines Aristoteles, oder die Lehrsätze eines Sokrates angenommen?

Was bewog wol die Decier (a), ihr Leben freiwillig für das gemeine Beste aufzuopfern?

(z) Plato hat einen Regierungsplan unter dem Titel: von der Republik geschrieben, der aber größtentheils unausführbar ist.

(a) Die beiden Decier waren P. Decius Mus, der Vater, und der Sohn gleiches Namens. Als die Römer mit den Lateinern Krieg führten, und der Ausgang zweifelhaft war, entschloß sich Decius der Vater, sich fürs gemeine Wohl aufzuopfern. Er rannte nemlich nach vorhergegangenen Ceremonien und abgelegtem Gelübde, mitten unter die Feinde, unter welchen er selbst ein grosses Blutbad anrichtete, bis er endlich erlegt wurde. Da sich das Gerücht unter seiner Armee verbreitete, geriethen die Soldaten in Wuth und wollten ihren Feldherrn rächen. Von den übrigen Officieren aufgemuntert, fielen sie die feindliche Armee mit solchem Grimm an, daß sie einen

Was reizte den Curtius, sich in den Schlund hinab zu stürzen? (b) Was anders, als eine eitle Ruhmbegierde — diese süsse Sirene, der die weisen Männer so aufsätzig sind? Denn was ist thörichter, sagen sie, als dem Volke um eines Amtes willen zu schmeicheln, seine Gunst mit Geschenken zu erkaufen, dem Beifall so vieler Narren nachzujagen, sich

völligen Sieg davon trugen. — Decius der Sohn, that das Nemliche in dem Kriege wider die Umbrier und Hetrurier.

(b) Dieser Curtius war ein junger edler Römer. Die That, wodurch er sich unsterblich machte, war folgende: Es öffnete sich in Rom mitten auf dem Markte eine grosse Kluft, aus welcher ein giftiger Dampf aufstieg, der eine ansteckende Seuche verursachte. Man befragte die Orakel, wie diesem Uibel abzuhelfen, und hierauf gaben sie die Antwort, man solle das hineinwerfen, wodurch Rom am meisten vermöge. Curtius glaubte zu errathen, daß die Tapferkeit der Römer damit gemeint sei, setzte sich in seiner ganzen Rüstung zu Pferde, und stürzte sich hinein. Hierauf soll das Loch wieder zugefallen seyn, und die Seuche zu wüthen aufgehört haben.

wegen ihres Zurufs Glück zu wünschen, sich wie eine Statue, dem Volke zur Schau, im Triumph herumführen, und in Erz gegossen auf dem Markt aufstellen zu lassen (c)? Hierzu können auch die angenommenen Beinamen und Ehrentitel; die göttlichen Ehrenbezeugungen, die man an Unwürdige verschwendete; die Apotheosen oft der fluchwürdigsten und schändlichsten Tirannen gerechnet werden (d). Was für lächerliches Zeug!

(c) Es war bei den Römern gebräuchlich, Männern, die sich um die Republik sehr verdient gemacht hatten, auf dem Markte oder im Circus Ehrensäulen, besonders von Erz, aufrichten zu lassen. Caligula und Domitian ließen sich selbige sogar von Silber machen.

(d) Apotheose war bei den Römern eine ausserordentlich prächtige Ceremonie, wodurch sie ihre grossen Männer und Kaiser unter die Götter versetzten. Unter den römischen Königen ist allein Romulus apotheosirt worden. Hernach wiederfuhr diese Ehre zuerst wieder dem Julius Cäsar; hierauf den Kaisern Pertinax, Severus und Augustus. Unter den Kaiserinnen war Livia

Hätte nicht Ein Demokrit allein Zeitlebens dran zu lachen? Sagt, wer kann das läugnen? —

Aus dieser Quelle also sind sie entsprungen die grossen Thaten jener tapfern Helden, welche die beredsten Männer in ihren Schriften bis an den Himmel erheben. Diese

die erste, die man apotheosirte. Nach vorhergegangenen grossen Prozessionen und Ceremonien, welche zu weitläuftig wären hier zu erzählen, begab man sich auf den Campus Martius, wo ein grosser viereckichter Scheiterhaufen pyramidenförmig aufgerichtet war, den man mit Bildern und Tapeten behieng, und inwendig mit wohlriechendem Holze und allerhand Räuchwerk ausfüllte. Oben drauf stand des Kaisers Leibwagen. Der Nachfolger des Candidaten der Gottheit zündete dann den Holzstoß zuerst an, und sodann folgten ihm die Burgermeister und Rathsherren. Sobald die Flamme in die Höhe schlug, ließ man oben auf dem Holzstoß einen Adler, oder, wenn es eine Kaiserinn war, einen Pfau los, der denn die vergötterte Seele in den Himmel führte. Hernach baute man ihnen einen Tempel, und legte ihnen den Namen Divus oder Diva bei.

Narrheit erzeugte Städte; durch sie bestehen Regierungen, Obrigkeiten, Religion, Rathschlüsse und Richterstühle; und das menschliche Leben selbst — was ist es anders als ein Spiel der Narrheit?

Aber um auch die Künste nicht zu vergessen — was reizte wol das Genie der Sterblichen, so viel schöne Künste und Wissenschaften, wie sie meinen, zu erfinden, und sie ihren Nachkommen zu überliefern, als der Durst nach Ruhm? Durch vieles Wachen und Schwizen glaubten diese närrische Leute, sich, ich weis nicht was für einen Ruhm zu erwerben, der doch in der That so eitel ist, als nur etwas seyn kann. Indessen habt ihr aber doch der Narrheit so viel herrliche Vortheile zu danken, und hauptsächlich den angenehmsten unter Allen, von andrer Leute Narrheit den Genuß zu haben.

Das Lob der Tapferkeit und des Fleißes hab' ich mir nun zugeeignet: wie, wenn ich auch das Lob der Klugheit auf meine Rechnung setzte? — Zwar möchte man mir antworten, auf diese Art könntest du Feuer und Wasser unter einander mischen: Aber ich hoffe, es soll mir auch hierinn gelingen, wenn ihr mir nur ferner, wie ihr bisher gethan, ein geneigtes Ohr leihen wollt.

Beruht die Klugheit auf Erfahrung: wem gebührt alsdenn dieser ehrenvolle Name mit mehrerm Rechte? — Dem Weisen, der theils aus Schamhaftigkeit, theils aus Schüchternheit Nichts unternimmt — oder dem Narren, den weder Schamhaftigkeit — weil er keine hat — noch Gefahr — weil er sich in keine Uiberlegung einläßt — davon abschreckt? Der Weise verschanzt sich hinter die Schriften der Alten, und klaubt da nach Verständniß schwieriger und spitzfindiger Stellen. Der Narr hingegen geht gerade zu, ohne die Gefahr zu scheuen, und erwirbt sich dadurch, wenn ich nicht irre, die wahre Klugheit. Dieses scheint schon Homer, ob er schon blind gewesen, wahrgenommen zu haben, wenn er sagt: ein Narr wird aus seinem eignen Schaden klug.

Dem Bestreben, sich Kenntnisse und Erfahrung zu erwerben, stellen sich gewönlich zwei Haupthindernisse entgegen — die Schamhaftigkeit, welche der Seele gleichsam einen Dunst vormacht, und — die Furcht, welche bei anscheinender Gefahr von grossen Unternehmungen abschreckt. Aber diese Schwierigkeiten hebt die Narrheit auf die herrlichste Art. Wenig Menschen sehen ein, wie viel Vortheile das bringt, über Nichts zu erröthen und sich an Alles zu wagen. Wollten sie aber lieber diese Klugheit annehmen, die sich auf Beurtheilungskraft gründet; nun so hört, wie weit sie, die sich so stolz damit brüsten, auch von dieser entfernt sind.

Erstlich ist bekannt, daß alle menschliche Dinge, so wie die Silene des Alcibiades (e), zweierlei Seiten haben, die sich einander höchst ungleich sind. Selbst das, was beim ersten Anblick Tod zu seyn scheint, ist, wenn man es genauer betrachtet — Leben; und was uns hingegen Leben zu seyn scheint — Tod. So wird uns oft, wenn wir nähere Bekanntschaft damit machen, die Schönheit — Häßlichkeit; der Reichthum — Armseligkeit;

(e) Silene waren alte Satyrn. Der bekannteste davon war der Hofmeister des Bacchus, von Ansehn häßlich, aber von vortreflichen Gemüthsgaben. Mit diesem vergleicht Alcibiades, in dem Gastmahl des Plato, den Sokrates, weil er auch von Ansehn und Gestalt so häßlich war, und doch eine so grosse und schöne Seele hatte.

die Schande — Ehre; die Gelehrsamkeit —
Unwissenheit; die Kraft — Schwäche; die
Großmuth — unedles Betragen; die Freude—
Traurigkeit; das Glück — Unglück; die
Freundschaft — Feindschaft; der Vortheil —
Schaden; kurz, zieht dem Silen die Larve
ab, und ihr werdet von Allem das Gegentheil
finden. Sollte dieß Jemandem zu philosophisch vorkommen; nun, so will ich mich
deutlicher hierüber erklären. Wer kann mir
läugnen, daß ein König reich ist, daß er ein
Herr ist? Doch es fehlt ihm an den innern
Gütern, an Gütern des Verstandes und des
Herzens — und ohne diese ist er arm, sehr
arm: sein Herz ist in Laster versunken, und
so würdigt er sich zum niedrigsten Sklaven
herab. Auf diese Weise läßt sich über Alles
philosophiren. Doch wir wollen es bei diesem
Beispiele bewenden lassen. Wo soll aber das

hinaus? wird man fragen. — Ihr sollt
gleich hören, worauf es zielt. — Gesetzt es
wollte sich Jemand unterstehen, den Schau-
spielern auf der Bühne die Maske vom Gesichte
zu reissen (f), und ihre wahren und natürlichen Gesichter zu zeigen — würde der nicht
das ganze Schauspiel verderben? wäre der
nicht werth, wie ein Unsinniger, mit Steinen zum Schauspielhauß hinausgejagt zu
werden? — Es würde plötzlich Alles mit
einander eine ganz neue Gestalt bekommen.
Die Person, die man vorher für eine Weibs-
person gehalten hatte, würde nun als ein
Mann; der Jüngling als ein Greis; der
König als ein geringer Mensch; und der
vorher die Rolle eines Gottes spielte, als
ein elender Tropf erscheinen. Allein diese

(f) Die Schauspieler erschienen bei den Alten mit
Masken auf dem Theater, welche der Rolle die
sie spielten, angemessen waren.

Täuschung aufheben, hieſſe das ganze Spiel verderben. Dieſe Verſtellung und Verlarvung iſt gerade das, was die Augen der Zuſchauer am meiſten an ſich zieht.

Iſt das menſchliche Leben etwas anders, als ein Schauſpiel, in welchem Jeder in einer beſondern Larve auftritt, und ſo lange ſeine Rolle wegſpielt, bis ſein Principal zu ihm ſpricht: Tritt ab! Wie verſchiedene Rollen überträgt ihm dieſer nicht oft! Geſtern ſtellte er einen König vor, und war in Purpur gekleidet: Heut iſt er ein Bettler, und Lumpen decken ſeine Blöſſe. Zwar iſt Alles nur Schattenwerk; aber dieſes groſſe Schauſpiel iſt nun einmal ſo.

Käme auch ein Weiſer vom Himmel herab, und ſchrie laut: Der, den ihr da Alle als einen Herrn und Gott verehrt, iſt nicht einmal unter die Menſchen zu rechnen, weil er sich wie das Vieh von seinen Leidenschaften beherrschen läßt; er ist ein niedriger Sklave,

weil er sich freiwillig in die Knechtschaft so vieler und so schändlicher Herrn begiebt: — hieß er einen Menschen frölich seyn und lachen, der sich über den Tod seines Vaters betrübte, mit der Vorstellung, daß selbiger nun erst recht lebe, denn das gegenwärtige Leben sei nichts anders als Tod: — schimpfte er ferner einen Andern, der sich seines alten Stammbaums rühmte, einen Kerl von niedriger Herkunft, oder wol gar einen Bastard, weil er von der Tugend der einzigen Quelle des wahren Adels so himmelweit entfernt sei: — spräch' er so von allen übrigen Dingen in diesem Tone fort: sagt, würde man ihn nicht für einen Wahnsinnigen und Rasenden halten? Es ist doch nichts närrischer als unzeitige Weisheit; nichts unkluger als verkehrte Klugheit. Wie einfältig ist es gehandelt, wenn sich einer nicht in die Umstände schicken, sich nicht nach Zeit und Ort bequemen kann! erinnerte er sich dann nur wenigstens des alten Gastgesetzes: Trink oder packe dich! Denn es anders verlangen wollen, hieße verlangen, daß die Komödie keine Komödie sei. Der hingegen handelt klug, der nicht klüger seyn will, als es seine Sterblichkeit mit sich bringt,

bringt, sondern lieber gegen alle Menschen nachsichtsvoll ist, und was sie machen, aus Gefälligkeit mitmacht. Aber das ist ja Narrheit, wird man mir einwenden. Ich will dieß zwar nicht läugnen; dafür räume man mir auch wiederum ein, daß es nichts anders ist, als in dem grossen Schauspiele des Lebens seine Rolle spielen.

O ihr unsterblichen Götter, soll ich hier reden oder schweigen? — Doch warum sollt' ich schweigen, da es mehr als zu wahr ist? Vielleicht aber wär' es besser, wenn ich bei einer so wichtigen Sache die Musen von ihrem Helikon herabbemühete; die Poeten pflegen sie ja oft nur um blosser Lumpereien willen anzuflehen. — Steht mir demnach ein wenig bei, o ihr Töchter des Jupiters; denn ich will itzt zeigen, daß Niemand zu jener unvergleichlichen Weisheit gelangen, oder — welches der gewönlichen Meinung zufolge mit dem einerlei ist — in den Hafen der Glückseligkeit einlaufen könne, wenn er nicht die Narrheit zu seiner Führerinn wählt.

Es ist ausgemacht, daß alle Leidenschaften zur Narrheit gehören. Nun aber unterscheidet man den Narren von dem Weisen dadurch, daß sich Jener von seinen Leidenschaften, Dieser aber von der Vernunft regieren läßt. Um deswillen wollen auch die Stoiker den Weisen von allen Leidenschaften, als von Krankheiten, frei wissen. Aber diese Leidenschaften dienen nicht nur denen, die dem Hafen der Weisheit zuschiffen, zu Wegweiserinnen; sondern sie sind gleichsam die Triebfedern jeder guten That, und Ermahnerinnen zu tugendhaften Handlungen. Hierwider schreit zwar der gedoppelte Stoiker Seneka (g) gewaltig;

(g) Seneka war ein römischer Rathsherr und grosser

denn seine Weisen müssen ganz frei seyn von Leidenschaften. Aber vermöge seiner Forderungen bleibt sein Weiser kein Mensch mehr, sondern er schafft vielmehr einen ganz neuen Gott aus ihm, der nie existirt hat, noch jemals existiren wird: oder, besser zu reden, er macht ihn zu einem menschlichen Marmorbilde, das von allem menschlichen Sinn gänzlich entblößt ist.

Laßt sie ihren Weisen für sich behalten, an uns sollen sie keine Nebenbuhler haben; unsertwegen mögen sie mit ihm in Platons Republik, oder, wenn sie lieber wollen, in

Philosoph, der zur Sekte der Stoiker gehörte. Der Stifter dieser Sekte hieß Zeno; ihren Namen hat sie von Stoa, einem bedeckten Gange in Athen, wo Zeno lehrte. Sie glaubten daß Alles vom Schicksal regiert werde, und lehrten, daß man sich weder durch Glück noch Unglück aus seiner Gemüthsfassung müsse bringen lassen.

das Land der Ideen, oder noch besser nach
Schlaraffenland hinziehen. Denn wer sollte
nicht so einen Menschen, wie ein Ungeheuer,
wie ein Gespenst fliehen und verabscheuen, der
gegen alles natürliche Gefühl taub ist, keine
Leidenschaften hat, und eben so wenig von
Liebe und Barmherzigkeit gerührt wird, als
der härteste Kieselstein; der Alles weis, der
sich in nichts irrt, sondern Alles, wie ein
Luchs, durchdringt, und aufs genaueste überlegt; der nichts verzeiht; der einzig und allein
mit sich zufrieden, allein reich, allein gesund,
allein König, allein frei, kurz, Alles allein
ist: aber auch nur einzig und allein nach
seinem Urtheil Alles allein ist; der sich um
keinen Freund bekümmert, weil er selbst
Niemands Freund ist; der sogar die Götter
lästern zu können glaubt; der alle und jede
Handlung im menschlichen Leben verspottet

und verlacht. So ein Thier ist dieser vollkommne Weise. Sagt, wenn die Sache durch Stimmensammlung entschieden werden sollte, welche Stadt möchte sich so einen Magistrat, welche Armee sich so einen General wünschen? Welches Weib würde so ein Geschöpf zum Mann, welcher Gastgeber einen solchen Gast, welcher Knecht einen Herrn von solchen Eigenschaften wählen oder ertragen können? Wer hingegen würde ihm nicht einen mitten aus dem Pöbel der närrischten Menschen vorziehen, der Narren als ein Narr befehlen oder gehorchen könnte, der Seinesgleichen — die sich auf eine ziemliche Anzahl belaufen möchten — gefiele; der gegen sein Weib freundlich, seinen Freunden angenehm, dabei ein artiger Gast und muntrer Tischgesellschafter wäre, kurz, einen solchen, der sich nicht für besser hielte, als andere Menschen? Doch ich bin dieses

Weisen schon längst überdrüssig. Meine Rede behandle demnach die übrigen Vortheile.

Wohlan dann! wenn Jemand so von einem hohen Thurm herabschaute — wie die Poeten bisweilen den Jupiter aus dem Olimp herunterguckem lassen — wenn er so zusähe, was für Ungemächlichkeiten das menschliche Leben unterworfen ist, wie erbärmlich und elend die Geburt, wie mühsam die Erziehung, wie gefährlich die Kindheit, wie mühselig die Jugend, wie beschwerlich und lästig das Alter, wie sauer der Tod ist; was für eine Menge Krankheiten den Menschen anfeinden; wie viel Unglücksfälle ihn bedrohen; wie viel Widerwärtigkeiten auf ihn los stürmen; wie so Alles in Galle für ihn getaucht ist! — Andrer Unfälle zu geschweigen, die ein Mensch dem Andern zufügt, als Armuth, Gefangenschaft, Schande, Schaam, peinliche Martern,

Nachstellungen, Verrätherei, Schmähungen, Prozesse, Betrügereien — doch das hieße den Sand zählen, wenn ich alle diese Widerwärtigkeiten nennen wollte. Auch darf ich hier nicht davon reden, durch was für Fehltritte die Menschen so ein Schicksal verdient haben; oder welcher Gott sie im Zorn zu so viel Elend geboren werden lassen. — Wer aber dem so zusieht und weiter drüber nachdenkt, sollte der nicht das, obschon erbarmungswürdige, Beispiel der Milesischen Jungfrauen billigen? (h) Aber was für Leute haben vorzüglich, aus Uiberdruß des Lebens, ihren Tod befördert? Waren es nicht sogenannte Weisheitsbrüder? — Chiron wünschte sich

---

(h) Gellius erzählt uns in seinen Attischen Nächten, daß sich einmal zu Mileto, einer Stadt im Athenienfischen Gebiete, alle Jungfrauen auf einmal umgebracht. Plutarch schreibt diesen Vorfall einer sehr ungesunden Luft zu. C'est pourtant singulier.

freiwillig den Tod, da er doch unsterblich seyn
konnte (i). Diogenes (k), Xenokrates (l),
die Catonen, die Cassiusse, die Brutusse —
doch was soll ich ihrer weiter noch erwähnen?
Ich denk', ihr seht, was für Unheil draus
entstehen würde, wenn die Menschen alle weise
wären. Man müßte einen ganz neuen Leimen
ausfindig machen, und einen andern Töpfer

(i) Chiron ein Centaure, erfand die Medicin, und
besonders die Chirurgie. Ein vergifteter Pfeil
des Herkules fiel ihm einmals auf den Fuß, und
verursachte ihm so heftige Schmerzen, daß er
seine Unsterblichkeit verwünschte, und den Jupiter
bat, daß er ihn tödten möchte. Jupiter that es, und
versetzte ihn unter die Sterne, wo er noch heutiges Tages im Thierkreise in der Person des
Schützen zu sehen ist.

(k) Diogenes soll sich, nach einigen von einer Brücke
zu todt gestürzt, nach andern, den Athem so lang
an sich gehalten haben, bis er gestorben sei.

(l) Xenokrates, ein Schüler des Plato, und sehr
weiser Mann, ersoff in einem grossen Gefäß voll
Wasser.

Prometheus dazu haben (m). So aber lasse ich ihnen noch in ihrem Elende theils Unwissenheit, theils Unbedachtsamkeit, und bisweilen Vergessenheit des Bösen und Hoffnung des Guten zu Hülfe kommen; und versüße ihnen öfters ihre Freuden so, daß sie nicht einmal aus diesem Leben wegverlangen, wenn der Lebensfaden abgesponnen, und die Parze nun bereit ist, ihn abzureissen. Ja, je weniger Ursache sie haben, ein längeres Leben zu wünschen, desto mehr sehnen sie sich darnach, weit entfernt, sich von den Verdrüßlichkeiten und Ungemächlichkeiten desselben abschrecken zu lassen. Von meiner Gütigkeit rührt es her, daß ihr hie und da noch Greise von dem Alter eines Nestors erblickt, die kaum noch einer menschlichen Gestalt ähnlich sehen, kaum mehr

(m) Die Fabel ist bekannt. Prometheus formte einen Menschen von Thon, stahl dem Jupiter das beseelende Feuer, und belebte ihn.

reden können, ganz kindisch und albern sind, graue oder gar keine Haare mehr auf dem Kopfe, keinen Zahn mehr im Munde haben — und daß ich noch eine Beschreibung des Aristophanes von ihnen anführe — die ganz schmutzig, krumm, runzlicht, kahl, maulwacklicht, und schlappwadig sind, und doch noch eine so grosse Lust zum Leben haben,

doch noch so den Jüngling machen wollen, daß der eine seine abgestorbenen Haare färbt, ein Anderer unter fremden Haaren seinen Kahlkopf verbirgt, noch ein Anderer sich ausgefallene Zähne von Andern einsetzen läßt, und ein Vierter sich sterblich in ein Mädchen vernarrt, und es in verliebten Possen einem jungen Menschen zuvor thut. Denn daß Steinalte Männer, die schon mit einem Fuß in der Grube stehen, sich noch ein junges Weibchen nehmen, das keinen Heller im Vermögen hat, und einmal Andern zur Nutznießung dient — das pflegt ja so häufig zu geschehen, daß man wol noch gar ein Rühmens davon macht.

Aber noch weit lustiger ist es, wenn man sieht, daß alte Weiber, die vor Alter schon ganz abgestorben sind, und so leichenmässig aussehen, als wenn sie aus der Unterwelt

heraufkämen, noch beständig die Worte im
dem Munde führen: es ist doch etwas gar zu
Schönes um das Leben; wenn man sieht, wie
sie trotz den Hündinnen noch so läufisch sind,
oder, nach Art der Griechen zu reden, wie
die Ziegen herumbocken; wie sie einen hüb-
schen jungen Menschen am Arme haben, den

sie dafür bezahlen, daß er ihr Galan ist; wie sie nie vom Spiegel weichen, und sich alle ersinnliche Mühe geben sich zu schminken, den verschrumpften heimlichen Theil ihrer ehmaligen weiblichen Schönheit und Anziehlichkeit zu säubern und aufzuputzen, und ihre welken und schlaffen Brüste zur Schau auszukramen; wie eifrig sie sichs angelegen seyn lassen, mit ihrem trillernden Gekröchze die schlafende Begierde zu wecken; wie gern sie es noch mit der Brandweinbulle halten; wie sie sich noch mit in die Reihen der Mädchen mischen; wie artige Liebesbriefchen sie schreiben. — Ausgelacht werden sie zwar dafür als die größten Närrinnen, die sie denn auch in der That sind — aber was machts? sie sind ganz in ihrem Wesen drinn, schweben in Freuden und Wonne, voll zuckersüssen Entzückens, und sind — glücklich — durch mich.

Sollte dieß Jemandem gar zu schnurrig und belachenswerth vorkommen, so bitt' ich ihn doch zu bedenken, welches von beiden er für gescheider hält; sich entweder das Leben durch dergleichen Narrheiten zu versüssen, oder sich aufzuhenken? — Sagt man, es ist schändlich: mags! meine Narren kümmert das nicht; sie fühlen nicht einmal was das ist; und wenn sie es auch fühlen, so machen sie sich nicht viel draus. Fiele ihnen aber ein Stein auf den Kopf: dieß würden sie gewiß für ein wirkliches Uibel halten. Schimpf und Schande hingegen, Schmähen und Lästern schadet ihnen nur, in so weit sie es empfinden. Hat man keinen Sinn dafür, so ist ja das Alles nicht einmal etwas übels. Wirst du auch von allen Seiten her ausgezischt, was thuts, wenn du nur selbst mit dir zufrieden bist. Und daß du das kannst, haſt du einzig und allein der Narrheit zu danken.

Aber es iſt mir, als hört' ich, wie laut die Philoſophen dawider ſchreien. Iſt es nicht ein Elend, ſagen ſie, ſo von Narrheit beſeſſen zu ſeyn, auf ſolche Abwege zu gerathen, ſich ſo betrügen zu laſſen, ſo dumm zu ſeyn! Ei! iſt denn ein Menſch ſeyn etwas anders? Uibrigens ſeh ich gar nicht, wo das Elend ſteckt. Seid ihr nicht Alle ſo geboren, ſo erzogen, und ſo geſchaffen? iſt das nicht das allgemeine Loos der Sterblichen? — Nichts aber iſt elend, was beſtändig bleibt wie es iſt; man müßte denn den Menſchen deswegen beklagen und beweinen, daß er nicht fliegen könne wie die Vögel, daß er nicht wie andres Vieh auf allen Vieren trapple, oder mit Hörnern bewaffnet ſei wie die Stiere. Mit gleichem Rechte müßte man auch das ſchönſte

Pferd unglücklich nennen, weil es keine Grammatik gelernt, und kein Gebacknes zu speisen bekömmt; und einen Stier für höchst elend halten, weil er nicht zum Fechten taugt. So wenig unglücklich also das Pferd ist, daß es keine Grammatik versteht, eben so wenig ist es mein Narr, der Mensch, weil das einmal so in seiner Natur liegt. Da kommen aber die witzigen Köpfe wieder, und sagen: dem Menschen sei ja die Kenntniß der Wissenschaften zugegeben, mit deren Beihülfe er sich das, was ihm die Natur versagt habe, durch Verstand und Einsicht ersetzen könne. — Hm! als ob es nur im geringsten wahrscheinlich sei, daß die Natur, die sich an Mücken, ja so gar an Kräutern und Blumen so sorgfältig und wachsam bewiesen, allein an dem Menschen sich so schläfrig gezeigt habe, daß er der Wissenschaften bedürfte, welche jener

dem

dem menschlichen Geschlechte so feindselige
Genins, der böse Theuth, zu des Menschen
größtem Verderben erfunden; die so ganz und
gar nichts zu seiner Glückseligkeit beitragen,
und selbst zu dem, wozu sie eigentlich erfunden seyn sollen, höchst schädlich sind! wie
jener kluge König beim Plato, wo er von der
Erfindung der Buchstaben redet, sehr richtig
urtheilt. (n)

Auf diese Art haben sich die Wissenschaften mit den andern verfluchten Dingen im

(n) Theuth war ein Aegyptischer Gott oder Dämon,
welcher die Zahlen, die Geometrie, die Astronomie,
die Hasardspiele und die Buchstaben erfunden
haben soll. Um die damalige Zeit regierte König
Thamus über Aegypten. Theuth erschien vor
dem Monarchen, und zeigte ihm die Erfindung
der Buchstaben. Thamus fragte ihn, wozu sie
nützten. Theuth antwortete: zur Erleichterung
des Gedächtnisses. Nun, so sind sie unnütz,
erwiederte der Monarch, denn die Menschen würden sich auf diese Zeichen allzusehr verlassen, alles
aufs Papier hinsetzen, und nichts mehr bei sich
behalten.

J

menschlichen Leben eingeschlichen, und rühren alle von einem Urheber her, von dem alle Laster abstammen — nemlich vom Vater dem Teufel. Die Griechen schreiben nicht unschicklich den Ursprung alles Bösen gewissen Dämonen zu, gleichsam Daämonen, welches so viel ist, als Vielwisser. Jene einförmige Nation im goldnen Zeitalter war mit keinen Wissenschaften versehen, sondern lebte einzig und allein nach dem blossen Trieb der lieben Natur. Denn wozu hätten sie der Grammatik bedurft, da sie Alle einerlei Sprache redeten, und es beim Reden auf weiter nichts ankam, als daß einer den Andern verstünde? Wozu hätten sie eine Dialektik gebraucht, da sie keine sich widerstreitenden Meinungen unter einander hatten? Zu was hätte ihnen die Rechtsgelehrsamkeit genützt, da noch keine schlechten Sitten unter ihnen Statt fanden, aus denen ohne Zweifel die löblichen Gesetze entstanden sind? Ubrigens hatten sie viel zu viel Religion, als daß sie aus einer gottlosen Neugierde die Geheimnisse der Natur, die Grössen, Bewegungen und Wirkungen der Gestirne, und dergleichen verborgenen Ursachen und Beschaffenheiten anderer Dinge mehr nachgeforscht hätten; sie hielten es für Sünde, die Grenzen ihres Wissens zu überschreiten, weil das Schicksal dem Sterblichen einmal keine weitern angepriesen. Und die Thorheit zu untersuchen, was wol über dem Himmel sei, kam ihnen nicht einmal in den Sinn.

Als aber die reine Einfalt des goldenen Zeitalters nach und nach zu entweichen anfieng, so wurden, wie ich schon gesagt habe, von bösen Geistern die Künste erfunden, allein nur noch wenige, und selbst diese wenigen wurden nur von Wenigen studiert. Nachher

kamen durch den Aberglauben der Chaldäer;
und durch den müſſigen Leichtſinn der Griechen
noch eine groſſe Menge andre hinzu, welche
zu nichts nützen, als den Verſtand zu quälen,
ſo daß ſchon die einzige Grammatik über-
flüſſig hinreichend iſt, eine beſtändige Marter
für unſer ganzes Leben auszumachen. Jedoch
unter allen dieſen Wiſſenſchaften ſtehen doch
immer diejenigen am meiſten in Anſehn,
welche zunächſt an den gemeinen Sinn, das
iſt, an die Narrheit, grenzen. Die Theologen müſſen faſt verhungern; die Phyſiker faſt
erfrieren; die Aſtrologen werden verlacht,
und die Dialektiker verachtet. Die Mediciner
allein gelten mehr als alle zuſammengenom-
men. Und je unwiſſender, verwegener und
unbedachtſamer einer iſt, deſto mehr Anſehn
erlangt er bei Groſſen und Vornehmen.
Uibrigens iſt die Arzneigelahrtheit, wie ſie

heut zu Tage von den Meisten getrieben wird, so gut als die Redekunst, nichts anders als ein Gewerb der Schmeichelei.

Nach ihnen behaupten wol die Rabulisten ihren Platz; und ich weis nicht, ob sie ihn nicht noch vor den Aerzten haben sollten; ob gleich die Philosophen — denn ich möcht' es nicht gesagt haben — ihr Handwerk einstimmig als eine grosse Eselei zu verlachen pflegen. Und doch werden nach dem Gutbefinden dieser Esel so viel Sachen abgethan, sie mögen so groß oder so klein seyn als sie wollen. Sie sammlen sich Capitalien; indessen die armen Theologen, hätten sie auch alle Geheimnisse der Gottheit erforscht, Salz und Brod essen, und mit ihren Wanzen und Läusen in beständigem Krieg leben.

Uiberhaupt bringen diejenigen Künste und Wissenschaften, welche mit der Narrheit in einer genauern Verwandschaft stehen, weit mehr Vortheile, als die übrigen; und am allerglücklichsten sind die Personen, die sich ganz und gar nicht damit abgeben dürfen, sondern sich einzig und allein der Führung der

Natur überlassen, welche in nichts unvollkommen ist, wir müßten denn mehr verlan-

gen wollen, als das Schicksal der Sterblichen gewähren kann. Die Natur ist eine Feindinn von allen Künsteleien; immer gedeiht das am besten, was nicht durch Kunst erzwungen worden.

Sind nicht unter allen Thieren die am glücklichsten, die zu nichts abgerichtet werden, und keinen andern Unterricht geniessen, als den Unterricht der Natur? Welche Thierart ist glücklicher und bewundernswürdiger als die Bienen? Und doch haben sie nicht einmal alle körperliche Sinne. Welche Baukunst kömmt dem Bau ihrer Zellen bei? Hat wol jemals ein Philosoph eine Republik so eingerichtet, wie die ihrige? Nehmt hingegen das Pferd: da seine Sinne mit den Sinnen des Menschen in einer Art von Verwandschaft stehen, und es gewissermassen dem Menschen zur Gesellschaft geworden, so muß es auch oft sein Elend mit ihm theilen. Wie keucht es nicht oft, wenn es sich schämt im Lauf überwunden zu werden! und in Schlachten, während daß es drauf los arbeitet, den Sieg erringen zu helfen, wie selten entgeht es da der mörderischen Kugel des Feindes, und wie oft müssen Reiter und Pferd zugleich mit einander ins Gras beissen! Vieles andern

Elends nicht zu gedenken, als des scharfen Gebisses, der stachlichten Sporen, der Gefangenschaft des Stalls, der Peitschen, der Prügel, der Bande, womit es gefesselt ist, der Bürde des Reiters, kurz, jener ganzen tragischen Knechtschaft, der es sich so freiwillig unterworfen, indem es das Beispiel jener tapfern Helden nachzuahmen und Wuth schnaubend sich an dem Feinde zu rächen gesucht (o).

Welch ein weit schöneres Leben führen nicht die Fliegen und Vögel! Ganz der Natur überlassen, geniessen sie frei, was ihnen die Zeit darbeut, wenn sie nur für den Nachstel-

(o) Die bekannte Fabel von der freiwilligen Unterjochung des Pferds, die noch auf manchen andern Fall passen möchte. Das Pferd, das vorher so frei war, als die übrigen wilden Thiere, unterwarf sich dem Zaum, und duldete, daß der Mensch auf seinem Rücken saß, um es an seinem Feinde, dem Hirsch, zu rächen.

lungen der Menschen gesichert wären. Es ist erstaunend, wie viel der Gesang eines Vogels von seiner natürlichen Lieblichkeit verliert, wenn der arme Gefangene in seinem Kesicht sich an die abgemessenen Töne der Menschen gewöhnen lernt. Und so ist alles, was die Natur hervorgebracht, weit herrlicher, als was die Kunst übertüncht hat.

Ich kann drum jenem Hahn, der sich für den Pythagoras ausgab, (p) seines klugen Urtheils wegen, nicht genug Lob beilegen; er war Alles gewesen, was man nur in der Thierwelt seyn kann — ein Philosoph, ein Mann, ein Weib, ein König, eine Privatperson, ein Fisch, ein Pferd, ein Frosch, ja,

(p) Lucian hat unter andern ein Gespräch geschrieben, worinn sich ein gewisser Mycillus mit seinem Hahn unterredet, der sich für den Pythagoras ausgiebt, und ihm erzählt, was für Seelenwanderungen er bisher unterworfen gewesen.

wo ich nicht irre, gar ein Schwamm (q) — und doch hielt dieser verständige und gereiste Hahn kein Thier für elender als den Menschen; und dieß blos deswegen, weil alle übrige mit der Eingeschränktheit ihrer Natur zufrieden wären, der Mensch hingegen allein die Grenzen seiner Bestimmung zu überschreiten sich bestrebte. Unter den Menschen selbst aber legt er den Dummköpfen einen weit grössern Vorzug bei, als den Gelehrten und Grossen; und Gryllus handelte weit klüger, als der weise Ulysses, daß er lieber in einem Schweinstalle grunzen, als sich mit ihm so vielen Gefahren aussetzen wollte (r). Homer, der Fabelhanß, scheint fast der nemlichen Meinung zu

(q) Unter den Alten rechneten manche Naturkündiger und Philosophen den Schwamm unter die Thierarten. Aristoteles und Plinius waren dieser Meinung.

(r) Gryllus war ein Gefährte des Ulysses, und wurde von der Circe in ein Schwein verwandelt.

seyn, denn er nennt fast alle Sterbliche Elende und Unglückliche, selbst seinen Ulysses, das Muster eines Weisen; den Paris hingegen, den Ajax und den Achilles nennt er nie so (s). Mais pourquoi cela? Warum meint ihr wol? — Darum, sag' ich euch, weil er als ein listiger und verschmitzter Cavalier nichts ohne Minervens Rath unternahm, zu viel Weisheit gefressen, und sich so weit nur möglich, von der leitenden Hand der Natur entfernt hatte.

(s) Paris war der Sohn des Trojanischen Königes Priamus, und Ajax und Achilles zween der größten Helden im griechischen Heere bei der Belagerung von Troja. Wer weis nicht von diesem berühmten zehnjährigen Kriege, der um ein Weib angesponnen wurde, so vielen Helden das Leben kostete, und den Untergang einer Stadt verursachte, die in der damaligen Zeit eine der größten und angesehensten war. Wer die Geschichte nicht so recht weis, und sie doch gern wissen möchte, der lese Stollbergs Homer — da steht sie drinn.

Zuverläßig sind das unter allen Menschen die unglücklichsten, die sich der Weisheit befleissen, und sie sind noch dazu doppelte Narren, weil sie, zu Menschen, wie sie wissen, geboren, dennoch ihrer Bestimmung uneingedenk, den unsterblichen Göttern gleich zu werden trachten, und so wie die Giganten den Olymp zu ersteigen sich einfallen liessen, (t)

(t) Die Giganten waren gar fürchterliche Erdensöhne, von ziemlich ansehnlicher Figur, grimmig wie die Bäre, hatten Herzen wie von Stahl und Eisen, und waren leibhaftige gehörnte Siegfriede, und Riesen noch obendrein. Diese Teufelskerle wollten unabhängig seyn, und den Jupiter mit seinem ganzen Hofstaat aus seiner Burg herausjagen. Aber das Ding gieng nicht so wie sie's dachten; Jupiter nahm die Sache krumm, ließ sein grob Geschütz auf sie richten, und Herkules und Apollo schossen drein, wie unter's liebe Vieh, und noch dazu von oben herunter. Was die Sache für einen Ausschlag nahm? Das könnt ihr leicht denken. Vermuthet hatten ihn die Giganten nicht, sonst würden sie diesen Krieg wol schwerlich unternommen haben.

mit der Artillerie der Wissenschaften die Natur bekriegen wollen: da hingegen diejenigen nichts weniger als elend sind, die dem Genie und der Narrheit des dummen unvernünftigen Viehs am nächsten kommen, und sein bleiben lassen, was doch einmal über ihre menschlichen Kräfte geht.

Laßt uns doch einmal versuchen, ob wir das nicht deutlich machen können; aber nicht auf die syllogistische Manier der Stoiker, sondern ein recht plumpes Beispiel wollen wir dabei zu Hülfe nehmen.

Sagt — bei den unsterblichen Göttern! sagt mir, giebt es wol eine glücklichere Klasse von Menschen, als diejenigen sind, welche man gewönlich Hanßwürste, Narren, Thoren und Schaafsköpfe nennt; — Namen, die, nach meiner Meinung, ganz allerliebst sind? Nun, gebt Acht; ich will euch da etwas sagen, das euch vielleicht anfangs thöricht und abgeschmackt vorkommen mag; aber die Sache hat warrlich! ihren Grund.

Erstlich haben diese Leute nicht die mindeste Furcht für den Tod — ein Uibel, welches, soll mich strafen! keines der geringsten ist. Ihr Gewissen weis nichts von Qual noch Folter. Sie lassen sich nicht durch Mährchen vom Wiederkommen der Verstorbenen bethören. Sie fürchten sich nicht für Gespenstern und Nachtgeistern. Sie ängstigen sich nicht über Unglück von dem sie bedroht werden. Sie blähen sich nicht mit Hoffnungen künftigen Glücks auf. Kurz, sie quälen sich nicht mit so viel tausend Sorgen, denen dieses Leben unterworfen ist. Sie schämen sich um Nichts; sie scheuen sich für Niemanden; sie streben nach Nichts; sie beneiden Niemanden; und sie lieben auch Niemanden. Grenzen sie noch näher an das dumme unvernünftige Vieh, so sündigen sie nicht einmal — laut der Aussage der Theologen.

Nun wünscht' ich, du thörichter Weiser, du bedächtest, von wie vielen, von allen Seiten auf dich zustürmenden Bekümmernissen dein Herz Tag und Nacht gemartert wird. Wirf einmal alle Beschwerden deines Lebens auf einen Haufen zusammen, und dann sieh, von wie vielen und grossen Uibeln ich meine Narren befreit habe. Nimm noch dazu, daß sie nicht nur für sich selbst immer vergnügt sind, scherzen, singen und lachen; sondern daß sie auch überall, wo sie sich nur hinwenden, Vergnügen, Scherz, Lustigkeit und Lachen verbreiten; gleich als ob sie der Welt von den guten milden Göttern darum geschenkt worden wären, daß sie die Traurigkeit des menschlichen Lebens in Freude verwandeln sollten. Gewönlich

Gewöhnlich sind die Menschen in ihren Gemüthsneigungen gegen einander sehr ungleich; meine Narren hingegen erkennen einander Alle, wie billig, für ihres Gleichen; sie sehen sich einander gern, lassen sichs mit einander wohl seyn, pflegen sich, nehmen sich einer des andern an, greifen sich einander unter die Arme, wenn es nöthig ist: übrigens tragen sie einander nichts nach, wenn sie auch übel wider einander gesprochen oder gehandelt haben. Auch sucht man ihnen so wenig zu schaden, daß selbst die wilden Thiere, aus einem natürlichen Gefühl ihrer Unschuld, ihnen kein Leid zufügen (u). Denn sie sind wirklich den Göttern heilig, besonders mir, und drum wird ihnen auch von Allen schuldige Ehre erwiesen. Selbst bei den größten

---

(u) Man hat ein altes Sprüchwort: Narren und Kinder lassen die Hunde in Friede gehen.

K

Königen sind sie so beliebt, daß einige nicht einmal mehr essen, noch irgendwohin gehen,

ja nicht einmal eine einzige Stunde aushalten können, wenn sie nicht einen Narren um sich haben. Wie weit ziehen sie nicht diese Narren ihren düstern Weisen vor, die sie noch, Ehren halber, zu füttern pflegen! Die Ursache davon wird, dünkt mich, Niemandem fremd, noch seltsam vorkommen; sie liegt darinn, daß die so genannten Weisen den Fürsten lauter unangenehme Dinge sagen, und, auf ihre Gelehrsamkeit sich verlassend,

kein Bedenken tragen, ihnen bisweilen die
zarten Ohren mit den beissendsten Wahrheiten zu kratzen. Ihre Hofspasmacher hingegen gewähren ihnen Alles, wornach sie nur
einzig und allein streben; sie machen ihnen
Kurzweil und Gespäß, daß sie vor Lachen den
Bauch halten müssen, und dergleichen köstliches Vergnügen mehr.

Hört nun auch, was für eine unvergleichliche Eigenschaft die Narren ausserdem noch
besitzen: sie allein sind aufrichtig und reden
die Wahrheit. Was ist aber lobenswürdiger
als die Wahrheit? Ob nun zwar schon das
Sprüchwort des Alcibiades beim Plato, dem
Weine und der Kindheit die Wahrheit zuschreibt, so gebührt doch eigentlich mir dieses
Lob, wie Euripides in der bekannten Stelle:
ein Narr redet närrisches Zeug von mir bezeugt. Einem Narren merkt man es gleich

an seinen Geberden und an seinen Worten
an, was er auf dem Herzen hat. Die Weisen aber haben, wie der nemliche Euripides
sagt, zwo Zungen; mit der einen reden sie
die Wahrheit, und mit der andern, was sie
für Zeit und Umstände schicklich halten. Aus
Schwarz machen sie Weiß, und aus ihrem
Munde geht warm und kalt zugleich (x);

(x) Dieß bezieht sich auf eine alte Fabel des Anianus.
Ein Bauer traf im Walde einen Satyr fast halb
erfroren an, und nahm ihn deswegen mit sich
nach Hause. Dem Bauer war es auch nicht zu
warm gewesen, er hauchte deshalben in seine erstarrten Hände, daß sie wieder aufdauen und gelenkig werden sollten. Der Satyr fragte ihn nach
der Ursache, und der Bauer gab sie so natürlich
an als sie war. Nicht lange drauf setzten sie sich
zu Tische, und der Bauer blies in seinen Löffel
daß die Suppe kalt würde. Da fragte ihn der
Satyr wieder, warum er in die Suppe bliese:
daß sie kalt wird, gab ihm der Bauer zur Antwort. Sogleich stund der Satyr auf und gieng;
und als ihn der Bauer um die Ursache befragte,
antwortete er ihm, er möchte nichts mit Leuten
zu schaffen haben, denen warm und kalt zugleich
aus dem Munde gienge.

kurz, ihre Reden klingen ganz anders, als sie heimlich in ihren Herzen denken.

Bei aller dieser Glückseligkeit dünken mich doch die Fürsten am unglücklichsten dran zu seyn, weil sie ganz und gar Niemanden haben, der ihnen die Wahrheit sagt, und gezwungen sind, Schmeichler statt Freunden zu haben. Aber die Ohren der Fürsten können die Wahrheit nicht vertragen — möchte Jemand antworten — und um deswillen gehen sie den Weisen so aus dem Wege; sie befürchten immer, es möchte Jemand so frei seyn, und sich unterstehen, ihnen mehr wahre als angenehme Dinge zu sagen. Unter uns gesagt, so hat der Jemand auch nicht so ganz Unrecht: die Wahrheit ist den Königen verhaßt. Allein mit meinen Narren verhält sich die Sache ganz anders; man kann sich nicht genug drüber verwundern, mit wie vielem Vergnügen nicht nur Wahrheiten, sondern auch offenbare Schmäh- und Schimpfreden von ihnen angehört werden: einem Weisen würden sie das Leben kosten; da sie aber ein Narr sagt, so verursachen sie ein unglaubliches Vergnügen. Denn es liegt so eine ganz besondere Kraft zu belustigen in der Wahrheit, sobald nichts beleidigendes damit verbunden ist: aber allein die Narren haben die Götter mit diesem Talent begünstiget.

Fast aus den nemlichen Ursachen können die Frauenzimmer diese Art Leute so wohl leiden, weil sie ihrer Natur nach zu Scherz und Vergnügen aufgelegter sind als Andere. Haben sie sich nun ein wenig zu weit mit ihnen eingelassen, und sollt' es auch so weit zwischen ihnen gekommen seyn, als es nur zwischen einer Mannsperson und einem Frauenzimmer kommen kann, so wissen sie

doch nur einen Spas draus zu machen: wie denn überhaupt dieses Geschlecht, seine Handlungen zu beschönigen, ziemlich sinnreich ist.

Doch wieder auf die Glückseligkeit der Narren zu kommen — wenn sie nun ihre Tage in Herrlichkeit und Freude dahin gelebt haben, so treten sie denn geradeswegs, ohne den Tod zu empfinden noch zu scheuen, die Reise in Elysium an, um auch noch dort die seligen und geschäftelosen Geister mit ihren kurzweiligen Schwänken zu belustigen.

Wer mag es nun wagen, den Zuſtand eines Weiſen mit dem Zuſtand eines Narren zu vergleichen? Denkt euch ein Muſter von Weisheit, und dann ſtellt dieſen weiſen Mann einem Narren entgegen: nehmt einen Menſchen, der ſein ganzes Knaben- und Jünglingsalter mit Erlernung allerlei Wiſſenſchaften zugebracht; der den angenehmſten Theil ſeines Lebens, mit beſtändigen Wachen, mit immerwährenden Sorgen und mühſamen Arbeiten verdorben; der in ſeinem ganzen Leben nicht das geringſte Vergnügen geſchmeckt; der immer in Sparſamkeit, Armuth, Traurigkeit, und Düſternheit gelebt; der gegen ſich ſelbſt hart und unfreundlich, und Andern verhaßt und zur Laſt geworden; der mit ſeinem bleichen Geſicht, mit ſeiner magern Geſtalt, mit ſeinem ungeſunden Körper, und mit ſeinen triefſichtgewordenen Augen zum Greis beyanaltert, dessen Haare lange vor der Zeit zu grauen anfangen, und der endlich noch in der Blüthe seiner Jahre aus dieser Zeitlichkeit absegelt. Doch was liegt dran, wenn so ein Mensch stirbt, der nie gelebt hat? — Voilà le portrait excellent de votre Sage. Gefällt euch das Colorit? —

Aber da kommen die Stoischen Frösche abermals und quoaxen mir vor: nichts sei elender als wahnsinnig seyn. Allein eine rechte Narrheit grenzt entweder sehr nahe an Wahnsinn, oder ist vielmehr nichts anders als Wahnsinn. Denn ist wahnsinnig seyn etwas anders, als mit seiner Vernunft irren? Dieser ihre Vernunft aber ist ihr ganzes Leben hindurch verwirrt. — Courage mes amis! auch diesen Syllogismus wollen wir vernichten, wenn uns die Musen ihren Beistand nicht versagen.

Zwar fangen sie ihre Sache ziemlich listig an; aber so wie es Sokrates beim Plato macht, wenn er die Venus und den Cupido beide aus einander nimmt, und aus jeder Person zwo bildet (y): eben so hätten diese Herrn Dialektiker sein den Wahnsinn vom Wahnsinn unterscheiden sollen, wenn sie nur selbst gescheid scheinen wollten. Nicht jede Art von Wahnsinn macht unglücklich.; sonst

(y) Pausanias glaubt im Gastmahl des Plato nicht nur an Eine Venus, und an Einen Cupido, sondern er nimmt deren zwei an. Die eine nennt er die himmlische, und die andere die irrdische oder die gemeine. Und beide haben denn auch nach seiner Meinung einen besondern Trabanten oder Cupido. Die erste soll von jeher immer die wenigsten Anhänger und Verehrer gehabt haben; die zwote aber desto mehr. Allein man hat in den Jahrbüchern der Menschheit gefunden, daß nie Eine die Menschen ganz beglücken können, wenn sie nicht Beide Hand in Hand ihre Geweihten zu dem Altare des wahren Genusses begleitet haben, wo sie Hymen als Priester von Beiden in ihren Geheimnissen einweihte.

würde Horaz nicht gesagt haben: welch ein liebenswürdiger Wahnsinn beherrscht mich? Auch würde Plato den entzückten Wahnsinn der Dichter, der Propheten und der Verliebten nicht unter die vorzüglichsten Güter des Lebens gerechnet; und jene Sibylle die Bemühung des Aeneas nicht für unsinnig erklärt haben (z). Es giebt aber eine doppelte Art von Wahnsinn. Die eine Art schicken uns die abscheulichen Furien aus der Hölle herauf, so oft sie ihre Schlangen aussenden, den Menschen eine heftige Begierde nach Krieg, oder einen unauslöschlichen Durst nach Reichthum, eine entehrende und schändliche Liebe, Vatermord, Blutschande, Kirchenraub, und dergleichen verfluchte Laster mehr mit ihrem

(z) Man sehe den Virgil im sechsten Buche, wo Aeneas die Cumanische Sibylle befragt, und in ihrer Gesellschaft zu dem Pallast des Pluto gelangt.

Gift ins Herz zu flössen, oder ein strafbares und reuiges Gemüth mit ihren schrecklichsten Martern zu quälen.

Die andere Art ist von der ersten ganz verschieden. Sie rührt von mir her, und ist die erwünschteste unter Allen. Sie entstehet, so oft ein angenehmer Irrthum der Seele, das Herz von seinem ängstenden Kummer befreit, und zugleich mit unnennbarem Vergnügen erfüllt. Einen solchen Wahnsinn wünscht sich Cicero in einem Briefe an den Attikus, und würde ihn als ein grosses Geschenk der Götter angesehen haben, weil er ihn gegen alle seine Leiden, die ihn drückten, unempfindlich gemacht hätte. Auch war jener Argiver so übel nicht dran, dessen Wahnsinn so weit gieng, daß er ganze Tage allein im Theater saß, lachte, Beifall klatschte, und sich vergnügte, in dem Irrwahn, als säh' er die

vortreflichsten Schauspiele, obschon nicht das
Geringste zu sehen war; übrigens zeigte er
sich in allen Pflichten seines Lebens als ein
rechtschaffener und braver Mann, war lieb-
reich gegen seine Freunde, gefällig gegen seine
Frau, gelind gegen seine Sklaven, und gescheid genug, ein gutes Glas Wein von einem
schlechten unterscheiden zu können. Seine
Verwandte gaben sich alle Mühe, durch Arzeneien seine Krankheit zu heben, und es ge-
lang ihnen. Als er nun ganz wieder hergestellt war, beklagte er sich gegen seine Freunde
auf folgende Art: Warrlich, Freunde, ihr
habt mich getödtet, statt meine Genesung zu
bewirken; ihr habt mir meine Freuden geraubt, und mich aus meiner süssen Täuschung
gerissen. — Und er hatte gar nicht Unrecht,
sich so zu beklagen: ihnen selbst fehlte es am
besten, und weit eher hätten sie der Nieß-

wurz (a) bedurft, die sie einen so seligen angenehmen Wahnsinn, wie eine böse Krankheit, mit Apothekertränkchen kuriren zu müssen glaubten.

Deswegen habe ich aber noch nicht behauptet, daß man jeden Irrthum der Sinne oder des Verstandes mit dem Namen Wahnsinn belegen müsse. Denn schiene einem Triebäugigen ein Maulthier ein Esel zu seyn; oder möchte Jemand ein elendes Gedicht als vortreflich bewundern, so würde ich ihn drum nicht gleich als einen Wahnsinnigen betrachten. Ist aber Jemand nicht nur den Sinnen, sondern auch dem Verstande nach irrig, und äussert sich dieß beständig und wider alle Gewohnheit, so glaubt man freilich, daß sein

(a) Ein Kraut, welches den Wahnsinn und die Melancholie vertreibt, und in den Städten Anticyrä gefunden wird, wovon eine in der Landschaft Phocis, und die andere in Böotien liegt.

Zustand vom Wahnsinn nicht weit entfernt.
sei. Z. B. wann Jemand, so oft er einen Esel
schreien hört, sich vorstellte, er höre den vortreflichsten Virtuosen; oder wenn ein armer
Teufel von der niedrigsten Herkunft sich für
den Crösus, den König der Lydier, hielte. (b)
Aber wenn diese Art von Wahnsinn, wie es
nicht selten zu geschehen pflegt, zu einer angenehmen Schwärmerei wird, so verursacht sie
sowol denen, deren Sinn davon befangen ist,
als auch denen, die so zusehen, und es doch
nicht sind, kein geringes Vergnügen. Und
diese Gattung von Wahnsinn ist gewönlicher,

(b) Crösus ist seiner grossen Reichthümer wegen zum
Sprüchwort geworden, mehr aber des wandelba-
ren Glücks wegen, ob ihn schon Solon nicht glücklich gepriesen hatte. Da er aber vom Cyrus gefangen, und schon auf den Scheiterhaufen gesetzt
war, um auf demselben umzukommen, dachte er
an Solon, und rief laut seinen Namen aus.
Cyrus erkundigte sich um die Ursache, schenkte
ihm das Leben, und behielt ihn an seinem Hofe.

als es der grosse Haufe einsieht. Es lacht bisweilen ein Wahnsinniger den andern aus, und Beide machen einander gegenseitiges Vergnügen. Und eben so oft geschieht es, daß einer, der es in einem sehr hohen Grade ist, über einen andern, der es weit weniger ist, aus allen Kräften lacht.

Je mannichfaltiger aber einer in seinen Thorheiten ist, desto glücklicher ist er nach dem Urtheil der Narrheit; nur muß er in denen Arten von Narrheiten bleiben, die mir eigen sind, und deren Umfang nichts destoweniger so groß ist, daß ich zweifle, ob unter der ungeheuren Anzahl von Menschen ein Einziger zu finden wäre, der zu allen Zeiten klug ist, und nicht auch in dieser oder jener Art bisweilen sein Narrenstündchen hat. Der Unterschied liegt blos darinn, daß man nur solchen Leuten Unsinn zuschreibt, denen etwas ungewöhungewönliches begegnet ist; als wenn einer, zum Beispiel, einen Kürbis für eine Frau ansähe. Wenn aber ein Mann sein Weib, die es mit Andern so gut hält als mit ihm, für eine Penelope (c) ausposaunet, und sich in seinem angenehmen Irrthum Glück dazu wünscht, daß er so eine tugendhafte und keusche Gattinn hat, so wird diesen Mann kein Mensch für wahnsinnig erklären, weil man sieht, daß dieß den guten Ehemännern nur gar zu oft zu begegnen pflegt.

Zu dieser Klasse gehören denn auch diejenigen, die an Nichts ein Vergnügen empfinden, als an der Jagd, und die von sich rühmen, daß ihnen das Herz im Leibe lache, so oft sie das abscheuliche Gelärme der Jagdhörner und das heulende Gebelle der Hunde

(c) Die Gemahlinn des Ulysses, ihrer Keuschheit und ehelichen Treue wegen berühmt. Wem sollte sie nicht wenigstens aus dem Telemach bekannt seyn?

L

262

hören. Ich bin versichert, daß der Gestank von dem Kothe ihrer Jagdhunde ihren Nasen so lieblich vorkömmt, als ein duftender Geruch von Zimmet. Was für eine Herzensfreude empfinden sie am Ausweiden eines Wildes. Ochsen und Schöpse sind dem niedrigen Pöbel erlaubt zu zerlegen; aber ein Wild auszuweiden, kömmt nur einem Edelmann zu. Mit entblößtem Haupte, mit gebogenen Knien, und das dazu bestimmte Weidemesser in der Hand — denn mit keinem andern darf es geschehen — tritt er ehrerbietig hinzu, und zerlegt mit gewissen Geberden und in gewisser Ordnung das erjagte Wild in seine gewisse Theile. Indessen drängt sich der umstehende Haufe hinzu, und bewundert stillschweigend das Schauspiel, als wär's ihm ein neues, ob er es gleich schon mehr als tausendmal mit angesehen. Ist aber Jemand so glücklich gewesen, etwas vom Wilde zu kosten, der dünkt sich kein geringes Stückchen Adel dran gefressen zu haben. Und ob sie schon durch das beständige Verfolgen der wilden Thiere und durch den häufigen Genuß des Wildprets nichts weiter gewinnen, als daß sie fast selbst gänzlich zu wilden Bestien ausarten, so meinen sie doch, sie führen ein königlich Leben.

Nicht übel schicken sich zu diesen die Baunarren, die in der Lust zu bauen unersättlich sind, bald niederreissen, bald wieder aufbauen, und eines ins andre verwandeln. Diese Lust geht bis ins Unendliche, nie können sie darinn Maaß halten, bis sie endlich in die äusserste Dürftigkeit herabgesunken, nichts mehr haben, wovon sie sich Wohnung und Nahrung verschaffen könnten. Que leur reste-t-il donc? — Die Erinnerung einige

Jahre herrlich und in Freuden gelebt zu haben.

Hierher scheinen mir auch zunächst diejenigen zu gehören, die nach neuen und geheimnißvollen Künsten grübeln, die Naturen der Wesen zu verwandeln sich bestreben, und zu Wasser und zu Lande nach Quintessenzen herumjagen. Die süsse Hoffnung vertröstet sie auf eine so angenehme Weise, daß weder Arbeiten noch Kosten sie reuen; ihr bewundernswürdiges Genie erfindet immer etwas neues, womit sie sich täuschen, und auf die reizendste Art hinters Licht führen, bis endlich Alles verdistilirt ist, und ihnen nicht einmal so viel übrig bleibt, daß sie noch vermöchten einen Ofen zu heizen. Demungeachtet träumen sie ihren angenehmen Traum fort, und ermuntern auch wol noch Andere aus allen ihren Kräften zu dieser Glückseligkeit.

Ist ihnen endlich alle Hoffnung verschwunden, so gereicht ihnen doch das Denkspruchelchen zu keinem geringen Troste, daß auch der Wille zu einer grossen Unternehmung nicht zu verwerfen sei. Alsdann beschweren sie sich über die Kürze des menschlichen Lebens, welches nicht zureichend sei, ein so grosses und wichtiges Geschäfte zu vollenden.

Ich trage kein Bedenken, auch die Spieler in unsere Gesellschaft aufzunehmen. Es ist

doch warrlich ein närrisches und lächerliches Schauspiel, wenn man so zusieht, wie Leute so ganz dem Spiel ergeben seyn können, daß ihnen das Herz im Leibe hüpft, sobald sie nur die Würfel klappern hören. Wenn sie nun, durch die Hoffnung zu gewinnen angereizt, ihr ganzes Vermögen aufs Spiel gesetzt, und an dem Fels des Spielbrets geworfen, der nicht weniger gefährlich ist, als der bei Malea (d), einen gänzlichen Schiffbruch leiden, und sie nun kaum noch mit dem blossen lieben Leben davon kommen, so betrügen sie obendrein viel lieber andere Leute, als die, welche ihnen ihr Haab' und Gut abgenommen haben, nur damit man sie für Leute von Ehre halten möge. Und was soll man erst dann dazu sagen, wenn man sogar Greise,

---

(d) Malea war ein Vorgebirge in Griechenland, bei welchem es sehr gefährlich vorbeizuschiffen war.

die schon halb blind sind, mit der Brille auf der Nase spielen sieht? Was endlich dann, wenn ihnen nun das gerechte Chiragra die Glieder zusammengezogen, und sie sich noch Jemanden um Lohn dingen, der die Würfel für sie in den Trichter werfe? Es ist zwar kein unangenehmer Zeitvertreib, aber diese Art Spiel pflegt gemeiniglich auf Unsinn und Wuth hinaus zu laufen, und gehört schon in das Reich der Furien, und nicht mehr in das meinige.

Uibrigens sind unstreitig die Art Leute alle unsers Gelichters, die sich mit Erzählung oder Anhörung von Wundern oder mährchenhaften Lügen abgeben können. Sie sind nicht zu ersättigen, sobald von übernatürlichen Dingen, als von Gespenstern, Poltergeistern, Erscheinungen, und tausenderlei andern dergleichen wundersamen Begebenheiten erzählt wird; und je unnatürlicher sie sind, desto lieber glaubt man sie, desto angenehmer kützeln sie in den Ohren. Ausserdem haben sie nicht nur die bewundernswürdige Eigenschaft die Langeweile zu vertreiben, sondern sie spicken auch den Beutel, besonders den Beutel der Pfaffen.

An diese grenzen wiederum Andere, die in dem närrischen aber angenehmen Glauben stehen, sie könnten an dem Tage nicht umkommen, an welchem sie den grossen Christoph gesehen; oder, es könne einer unbeschädigt aus dem Treffen gehen, wenn er eine geschnitzte Barbara mit der vorgeschriebenen Formel gegrüßt; oder wer den Erasmus an gewissen Tagen, mit gewissen Wachskerzen, und in gewissen Gebethlein verehre, werde in kurzem zu grossen Reichthümern gelangen.

So haben sie auch schon in dem Georgius (e) einen andern Herkules gefunden, wie nicht minder einen zweiten Hippolytus (f), deſſen

(e) Sankt Görge, der den Lindwurm ſtach.
(f) Hippolytus, der Grieche, war ein Sohn des The-

Pferd sie in seiner Ehrfurcht erweckenden goldnen Rüstung fast anbeten, und sich selbiges durch dieß und jenes Geschenk von Zeit zu Zeit verbindlich zu machen suchen; ja sie halten ihn in so grossen Ehren, daß es Ihnen nichts Geringes dünkt, sogar bei seinem ehernen Helme zu schwören.

Was soll ich nun von denen sagen, die sich auf ihren erlogenen Sündenablaß so viel zu Gute thun, die Zeit des Fegfeuers gleichsam nach einer Wasseruhr abzählen, und Jahrhunderte, Jahre, Monate, Tage und Stunden wie nach einer mathema-

---

seus und der Hippolyte, übrigens ein guter Fuhrmann, wurde aber doch von seinen Pferden vom Wagen geworfen und geschleift, welches ihm sein Leben kostete. Hippolytus, der Christ, war ein berühmter Bischoff von Porto in Arabien, welcher im Jahr 230. als Märtyrer umkam. Seine Statue befindet sich in der Vatikanischen Bibliothek.

tischen Tabelle, ohne Fehler, zu berechnen wissen: Oder von denen, die sich auf Zauberformelchen oder Hexensprüchelchen verlassen, welche irgend ein scheinheiliger Betrüger, entweder zur Lust, oder aus Gewinnsucht ersonnen, und von welchen sie Alles in Uiberfluß erwarten, Reichthum, Ehre, Vergnügen, langes Leben, ein munteres Alter, ja selbst den nächsten Platz im Himmel bei Christo, den sie jedoch nur erst in späten Jahren begehren, so daß alsdenn, wenn sie die Ergötzlichkeiten dieses Lebens, die sie wider ihren Willen, und, so zu sagen, mit Gewalt an sich fesseln, endlich doch verlassen haben, gleich die himmlische Seligkeit drauf folge. Da meint nun ein Kaufmann, ein Soldat, ein Richter, wenn er einen einzigen Pfennig von seinen vielen Räubereien wegwirft, er sei von dem ganzen Unflathe seines Lebens auf einmal

gereiniget, und so viel Meineide, so viel Un=
zucht, so viel Völlerei, so viel Zwietracht,
so viel Mordthaten, so viel Treulosigkeit, so
viel Verrätherei werde ihm dann gleichsam
vermöge eines Vertrags erlassen, und zwar
auf so eine Art erlassen, daß er nun wieder
zu neuen Lastern und Verbrechen fortschreiten
dürfe.

Was kann aber närrischer, ja vielmehr
glückseliger gefunden werden, als daß Leute
täglich jene sieben Verse aus den heiligen
Psalmen hersagen, und sich eine unermeßliche
Glückseligkeit davon versprechen? Und diese
Zauberverse soll ein böser Geist, der zwar
kurzweilig und spashaft, aber mehr leichtsin=
nig als verschmitzt war, dem heiligen Bern=
hard angezeigt haben, aber der arme Tropf
wurde sehr geschickt abgewiesen. Dieß sind
so erstaunende Narrheiten, daß ich mich fast

selbst drüber schäme, und doch werden sie gut geheissen, und nicht etwa blos vom niedrigen Pöbel, sondern sogar von den Lehrern und Dienern der Religion.

Sollte hier das nicht auch einen Platz verdienen, daß sich jedes Land einen besondern Heiligen zueignet, daß man einen Jeden auf eine besondere Art verehrt, und auch besondere Verrichtungen aufträgt, so, daß Dieser bei Zahnschmerzen zu Hülfe kommen, Jener Gebährenden beispringen, ein Anderer gestolne Sachen wieder herschaffen, noch ein Anderer beim Schiffbruch seinen Beistand leisten, und ein Fünfter die Herde beschützen muß. Und so geht das mit allen Uibrigen: Denn es würde zu weitläuftig werden, wenn wir von Allen erzählen wollten.

Es giebt auch welche, die in mehr als einer Sache helfen können; besonders glaubt man das von der heiligen Jungfrau und Mutter Gottes, der das gemeine Volk fast mehr Ehrerbietung erweiset, als dem Sohne. Was bitten aber die Menschen von den Heiligen anders, als was auf Narrheit hinausläuft? Laßt sehen, habt ihr unter so vielen Opferstücken, womit man alle Wände der Tempel, ja sogar ihre Gewölber behängt sieht, habt ihr jemals einen gesehen, welcher der Narrheit entgangen, oder welcher nur um ein Haar weiser geworden? Einer hat sich durch Schwimmen gerettet; ein Anderer ist vom Feinde durchbort worden, und doch am Leben geblieben; noch ein Anderer ist aus dem Treffen, während daß die Uibrigen noch muthig mit einander fochten, herzhaft und glücklich entflohen; wieder ein Anderer, der schon aufgehenkt war an dem Galgen, ist durch Begünstigung eines Heiligen, des Patrons der Diebe, herabgefallen, daß er noch Andere, die mit zu vielen Reichthümern beschwert sind, zu bestehlen fortfahre. Dieser hat das Gefängniß durchbrochen, und ist glücklich durchgekommen; Jener ist, zum grossen Verdruß des Arztes, vom Fieber wieder genesen; einem Andern hat der Gift, den man ihm beigebracht,

bracht, nicht nur nichts geschadet, sondern er ist ihm noch behülflich gewesen, vermittelst eines Durchfalls, viele Unreinigkeiten abzuführen, und zwar zum größten Leidwesen seiner Frau, welche auf diese Art Mühe und Kosten vergebens verschwendet hatte; noch ein Anderer ist, ungeachtet er umgeworfen worden, glücklich und gesund nach Hause gekommen. Der ist mit Schutt bedeckt worden, und dennoch am Leben geblieben; Jenen hat der Mann bei seiner Frau ertappt, er hat sich aber auf eine glückliche Art herauszuziehen gewußt. — Und kein Mensch, kein Mensch bedankt sich bei der, die doch allein seine Erlöserinn war, — bei der Narrheit.

Es ist so eine herrliche Sache um das Nicht gescheid sein, daß die Menschen viel lieber alles Andere entbehren würden, als die Narrheit. Doch warum unternehm' ich das

M

Meer des Aberglaubens zu beschiffen? Hätt' ich auch hundert Zungen, und hundert Mäuler, und hätt' ich eine Stimme von Erz, so wäre ich doch nicht im Stande aller Klassen von Thoren, und aller Arten von Narrheiten zu erwähnen: so tief ist überall das ganze Leben der Christen in dergleichen wahnsinnige Narrheiten versunken, welche die Geistlichen nicht nur mit Vorbedacht überhand nehmen lassen, sondern sogar noch nähren, weil es ihnen sehr wohl bekannt ist, wie viel Gewinn sie davon ziehen. Träte denn ein gehässiger Weiser hervor, und predigte, wie er es mit Recht thun könnte: es wird dir nicht übel gehen, wenn du wohl gelebt hast: du wirst deiner Sünden entlassen, wenn du, ausser dem richtigen Abtrag des Beichtgeldes, brav Thränen vergiessest, fleissig wachst, betest und fastest, und deine ganze Lebensart änderst:

dieſer Heilige wird dir gewogen ſeyn, wenn du Dir ſein Leben zum Muſter wählſt, und ihm nacheiferſt: — Trete, ſag' ich, ſo ein weiſer Mann auf, und plaudere den Menſchen dergleichen Dinge vor, und dann ſeht, aus welcher Glückſeligkeit er ihre Gemüther auf einmal in eine unglückſelige Zerrüttung verſetzen wird.

Zu dieſer Zunft gehören auch diejenigen, die immer auf das ſorgfältigſte anordnen, mit was für Pomp und Gepränge ſie zur Erde beſtattet ſeyn wollen, daß ſie ſogar Stück vor Stück vorſchreiben, wie viel Fackeln, wie viel Leidtragende, wie viel Sänger, wie viel Leichenhanßwürſte man bei ihrer Beerdigung nehmen ſolle, gleich als ob ſie etwas davon ſpüren würden, oder als wenn ſie ſich noch nach ihrem Tode ſchämen müßten, wenn ihr verblichener Leichnam nicht mit ſtandes-

mässiger Pracht beigesetzt würde. Sie machen es gerade so als wie die neuerwählten Bauherren in Rom, welche gewönlich Schauspiele und grosse Gastmäler anzustellen pflegten.

Ob ich gleich nicht Zeit genug habe über diese Materie weitläuftig zu seyn, so kann ich doch unmöglich diejenigen mit Stillschweigen übergehen, die sich so viel auf das eitle Wörtchen von zu Gute thun, da sie doch oft von dem geringsten Kerl sich nicht im mindesten auszeichnen. Der eine rechnet sein Geschlecht bis auf den Aeneas hinaus (g), ein Anderer bis auf den Brutus (h), und ein Dritter

(g) Er war ein Held aus Venus Stamm,
Der, weil er Feuer scheute,
Aus Troja lief, nach Welschland schwamm,
Und hungerte und freite.
            Michaelis.
(h) Das Haupt der Rebellen wider den König Tarquinius, die ihn aus Rom verjagten, und die Consularische Regierungsform einführten.

bis auf den König Arthur. (i) Uiberall stellen sie die geformten oder gemalten Bildnisse ihrer Vorfahren zur Schau aus. (k) Ihre Altväter und Urgroßahnen wissen sie an den Fingern herzuzählen, ja sie können sogar darthun, was für Vornamen sie gehabt haben, ob sie schon selbst nicht viel besser, ja vielleicht noch schlimmer sind als die stummen Bildnisse, die sie Jedermann zeigen, wer sie nur sehen will. Und doch führen sie — Dank sei es der so herrlichen Eigenliebe! — das glücklichste Leben von der Welt. Ja es

(i) Arthur war einer der ältesten Könige von England, der sich wider die Angelsachsen vertheidigte.

(k) Der römische Adel pflegte die meist wächsernen Bilder seiner Vorfahren in Vorsälen aufzustellen. Wenn ein vornehmer junger Römer öffentlich auf dem Markte die Toga prätexta mit der Toga Virilis vertauschte, welches im siebenzehnten Jahre geschah, so wurden ebenfalls die Bilder seiner Vorfahren um ihn hergestellt; und um ihn zu würdigen Handlungen anzufeuern, er-

giebt sogar solche Narren unter ihnen, die dergleichen Viehzeug als Gottheiten verehren.

Doch was will ich mich bei ihnen aufhalten? Werden etwa nicht überall Leute gefunden, denen die Eigenliebe ein Leben voll Wonne gewährt? Ist nicht dieser Mensch häßlicher als ein Affe? und doch bildet er sich ein, er sei so schön als Nireus. (1) Jener hat kaum ein paar Linien mit dem Zirkel machen lernen, und schon stellt er sich dem Euklides an die Seite. (m) Ein Anderer ist so geschickt als der Esel zum Lautenschlagen,

zählte man ihre grosse Thaten. Auch bei Leichenbegängnissen wurden diese Bilder vorhergetragen.

(1) Nireus war ein Freier der Helena, und auch mit in den Trojanischen Krieg verwickelt. So wie Homer den Thersites für den Häßlichsten unter der ganzen griechischen Armee ausgiebt, so preiset er den Nireus nächst dem Achilles als den Wohlgebildetsten.

(m) Euklides war ein berühmter Mathematiker von Megara, einer Stadt im athenienfischen Gebiete.

kräht ärger als ein Hahn, und doch meint er ein andrer Hermogenes zu seyn. (n)

Keine Art von Narrheit aber ist angenehmer, als wenn Leute die guten Eigenschaften Anderer sich zueignen, und wol gar damit prahlen. So machte es jener doppelt beglückte Reiche beim Seneka: wenn er ein Geschichtchen erzählen wollte, so hatte er immer einige Sklaven bei der Hand, die ihm die Namen, welche drinnen vorkamen, allemal angeben mußten; ja, ob er gleich so schwach war, daß er kaum zu leben schien, so würde er es doch gewagt haben, auf den Fechtplatz zu gehen, und sich da in einen Kampf einzulassen, weil er sich auf die vielen und starken Sklaven verließ, die er zu Hause hatte.

Man hat noch Schriften von ihm, die geschätzt werden.

(n) Hermogenes soll ein vortreflicher Sänger gewesen seyn. Horaz erwähnt seiner in den Satiren.

Und von den Professoren der schönen Künste — was brauch' ich da viel zu sagen? Sind sie nicht aus lauter Eigenliebe zusammengesetzt? Weit eher würde einer seinen Anspruch auf sein väterliches Erbtheil aufgeben, als zugestehen, daß man ihm einen Andern an Genie vorziehe. Besonders sind die Schauspieler, Virtuosen, Redner und Dichter ganz von ihr besessen; je ungeschickter und geringschätziger einer ist, desto mehr bildet er sich ein, desto höher trägt er seine Nase. Und ihres gleichen finden sie immer; denn je thörichter eine Sache ist, desto mehr Bewunderer findet sie. Das Schlimmste gefällt gewönlich am meisten; und dieß kömmt daher, weil die meisten Menschen, wie ich schon gesagt habe, Narren sind. Je ungeschickter demnach einer ist, desto mehr gefällt er sich selbst, desto mehr wird er von Andern bewundert. Warum sollte er also eine wahre Gelehrsamkeit zu erwerben suchen, die ihn erstlich viel kosten, gegen Andre nur verächtlicher und furchtsamer machen, und überhaupt den Wenigsten gefallen würde.

Wie nun die Natur jedem einzelnen Sterblichen sein Pfund Eigenliebe zugetheilt, so hat sie auch jeder Nation, ja fast jedem Ort insbesondere eine allgemeine Eigenliebe eingepflanzt. Aus diesem Grunde schreiben sich die Engländer, ausser andern Dingen, Schönheit der Gestalt, Geschmack an Musik, und eine gute Tafel zu. Die Schottländer hingegen brüsten sich mit ihrem Adel und mit ihrer königlichen Verwandschaft, und bilden sich nicht wenig auf ihre Spitzfindigkeit im Disputiren ein. Die Franzosen legen sich den Ruhm der gesittetsten Nation bei. Die Pariser dünken sich vor Allen die größten Theologen zu seyn. Die Italiener glauben, sie allein seien die ächten Magisters der schönen Wissenschaften und freien Künste, und kützeln sich vorzüglich damit, daß ihre Nation unter allen die aufgeklärteste sei. Niemand aber ist bei Allem dem glücklicher als die Römer; denn noch bis auf diese Stunde beseligt sie der schöne Traum vom alten Rom. Die Venetianer wähnen, ihr Adel mache sie glücklich,

Die Griechen, als die Urheber der Künste und Wissenschaften weiden ihren Stolz an den Namen ihrer berühmtgewordenen Helden. Die Türken, nebst der ganzen Rotte der wirklichen Barbaren rühmen sich der wahren Religion, und verlachen den Aberglauben der Christen. Die Juden aber warten immer noch standhaft und sehnsuchtsvoll auf ihren Messias,

und halten sich noch heut zu Tage steif und fest an ihren Moses. Die Spanier würden den Ruhm der Tapferkeit gewiß keiner andern Nation abtreten. Und die Deutschen

hingegen wissen sich wieder viel mit ihrer
grossen Gestalt und mit ihrer Zauberkenntniß.

Doch ich will mich nicht tiefer verweit-
läuftigen; ihr könnt hieraus, sollt' ich meinen, schon zur Gnüge wahrnehmen, wie viel
Vergnügen die Eigenliebe allen und jeden
Sterblichen gewähret. Ihre Schwester, die
Fuchsschwänzerei, geht ihr hierinn treulich an
die Hand. Denn Eigenliebe ist nur, wenn
man sich selbst schmeichelt: und das ist
Schmeichelei, wenn wir Andere streicheln
und liebkosen. Aber heut zu Tage sieht man
die Schmeichelei als ein gar schändliches Ding
an; doch zum Glück geschieht dieß nur von
denen, die sich mehr an die Worte, als an
die Sachen selbst stossen. Sie glauben, Schmeichelei und Ehrlichkeit könnten sich unmöglich
mit einander vertragen: ob sie schon das Beispiel unvernünftiger Thiere eines bessern hätte

belehren können. Denn was ist schmeichelnder als ein Hund? aber wo kommt ihm auch ein andres Thier an Treue bei? Was ist fuchsschwänzerischer als ein Eichhörnchen? allein wie unschuldig freundlich, wie anschmeichelnd ist es gegen den Menschen? Es müßten denn die grimmigen Löwen, die grausamen Tiger und die wüthenden Parder dem menschlichen Leben ersprießlicher zu seyn scheinen. Indessen giebt es allerdings eine schädliche Schmeichelei, wodurch mancher arme Tropf von höhnischen Spasvögeln und andern schlechten Leuten ins Verderben gestürzt wird. Die Meinige hingegen entspringt aus einem guten und unverdorbenen Herzen, und ist weit näher mit der Tugend verwandt, als jene ihr ganz entgegengesetzte Unfreundlichkeit und unanständige Rauigkeit, die, wie Horaz sagt, Jedermann lästig ist. Wie willkommen aber ist nicht überall die Meinige? Niedergedrückte Seelen richtet sie auf, sie erfreut die Traurigen, ermuntert die Schläfrigen, spornt die Tummen, erquickt die Kranken, erweicht die Hartherzigen, erregt Liebe und Gegenliebe, und webt sie unauflöslich in einander; die Jugend lockt sie zu den Studien an, das Alter macht sie frölich, und die Fürsten ermahnt und belehrt sie, um ihre Würde nicht etwa zu beleidigen, unter der Maske des Lobes. Kurz, sie weis es dahin zu bringen, daß Jeder sich selbst angenehmer und lieber wird, und das trägt doch in der That nicht wenig zur menschlichen Glückseligkeit bei.

Wenn ein paar Esel einander jucken — quelle jolie complaisance! Und fast möcht' ich sagen, geschieht das Nemliche mit der hochbelobten Beredsamkeit, noch mehr in der Medicin, und am allermeisten durch die liebe

Poeterei: ja sie ist der Honig und die Würze jedes geselligen Umgangs. Wendet man aber ein, es sei etwas erbärmliches, so hintergangen zu werden: so sage ich, es ist nichts erbärmlicher als nicht so hintergangen zu werden. Diejenigen sind nicht gescheid, welche glauben, die Glückseligkeit des Menschen liege in den Dingen selber: — in der Einbildung besteht sie, in der Phantasie. Denn über das menschliche Leben ist eine so grosse Dunkelheit verbreitet, und der Seiten und Umstände desselben sind so viel, daß sich nichts klar und deutlich daraus sehen läßt, wie meine Akademiker, die gewiß unter den Philosophen nicht die

die Aufgeblasensten gewesen sind, mit allem Recht behauptet haben. (o) Und wenn sich auch dieß und jenes ergrübeln läßt, so widerspricht es den Freuden des Lebens gewiß nicht selten. Uibrigens ist das Herz des Menschen einmal so beschaffen, daß es weit mehr vom Schein als vom Wahren eingenommen wird. Wollt ihr es bewiesen haben, so geht nur in die Kirchen, in die Predigten: Wird ordentlich und ernsthaft geprediget, so ist Jedermann verdrießlich, Alles gähnt, Alles schläft ein: Tritt aber ein rechter Schreihals auf — ich versprach mich, ein rechter Redner wollt' ich sagen — tritt also so einer auf, und bringt, wie es gar oft geschieht, ein altes Weibermährchen aufs Tapet, da erwacht

(o) Diese Schule wird den Sophisten entgegengesetzt, welche alles zu wissen von sich rühmten. Sie bekräftigte und behauptete nichts, sondern glaubte nur das Wahrscheinliche. Aus ihr entsprang die Sekte der Pyrrhoniker und Skeptiker.

N

Alles, Alles ermuntert sich und sperrt das Maul auf. Mit den Heiligen geht es gerade so: je mehr Fabeln und Mährchen von einem erzählt werden, desto heiliger wird er den Leuten. Nehmt einmal, par exemple, einen heiligen Georgius, einen heiligen Christophorus, eine heilige Barbara; werden sie nicht mit weit mehr Ehrfurcht verehret als Petrus und Paulus und Christus selbst? Doch das gehört hierher nicht. Aber wie wenig kostet dieser Zuwachs von Glückseligkeit. Wirklichkeiten hingegen, selbst die am leichtesten zu erlangen sind, wie viel machen sie nicht oft zu schaffen! Im Vorbeigehen will ich hier nur die Grammatik anführen. Aber eine Meinung, wie leicht ist die nicht erhascht! und oft trägt sie eben so viel, ja wol noch mehr zu unserer Glückseligkeit bei. Gesetzt es ist einer stinkend gewordenes Böckelfleisch, wovon ein Anderer nicht einmal den Geruch ertragen kann, und ihm schmeckt es wie Ambrosia — sagt, was hindert das an seiner Glückseligkeit? Hätte hingegen Jemand einen Eckel für den Störfisch, was sollte ihm das an der Glückseligkeit seines Lebens schaden? Hätte Jemand ein ausnehmend häßliches Weib, ihrem Mann aber schiene sie mit der Venus selbst an Schönheit zu wetteifern, ist das nicht eben so gut, als wenn sie wirklich schön wäre? Hätte ferner Jemand ein schlech-

tes Gemälde, das mit Mennig und Roth zusammengeschmiert wäre, und er glaubte eine schöne Malerei vom Apelles oder Zeures zu besitzen, wäre er nicht weit glücklicher als so einer, welcher Werke von diesen Künstlern mit grossen Summen erkauft, und villeicht weit weniger Vergnügen in ihrem Anschaun empfindet.

Ich kenne einen meines Namens (p), welcher seiner neuverlobten Gattinn einige falsche Edelgesteine zum Geschenk gegeben, und ihr dabei weiß gemacht hat, (wie er denn loser Vogel genug dazu war) sie wären nicht allein ächt und schön, sondern sie wären von einem ganz besondern und unschätzbaren Werthe. Was that das aber seinem Weibchen, wel-

(p) Unstreitig meint er einen, Namens Morus, ob nun seinen Freund, dem er dieß Werk zueignete, oder einen Andern, das wissen wir nicht.

ches Augen und Herz mit innigstem Vergnügen an diesem Glas weidete, und ihr Schmelzwerk als einen ausserordentlichen Schatz bei sich aufbewahrte? Der Mann ersparte dabei viel Kosten, und freute sich heimlich über den Irrthum seiner Frau, und sie hatte er sich eben so verbindlich gemacht, als wenn er ihr die größten Kostbarkeiten geschenkt hätte.

Meint ihr wol, es sei ein Unterschied zwischen denen, die in der Platonischen Höle (q) die Schattenbilder von mancherlei Gegen-

(q) Plato giebt irgendwo ein Gleichniß von dergleichen Beschaffenheit des Scheinbaren und Wirklichen in Rücksicht auf solche, die das Erste, aus Unwissenheit, für das Letzte annehmen. Er läßt nemlich Menschen, die Zeitlebens in einer Höle gewesen, und nie ans Tageslicht gekommen sind, lauter Schattenspiel an der Wand sehen, von Dingen, die in der Natur wirklich sind, und bringt endlich sein Gleichniß so heraus, daß wir, wie sie, von den meisten Dingen nur den Schatten oder die Aussenseite sehen, und doch die Dinge in ihrer wahren Gestalt zu sehen meinen.

ständen bewundern, wenn sie nur sonst damit zufrieden sind, und nichts weiter wünschen — und zwischen einem Weisen, der aus der Höle herauszieht, und die Dinge aussen ansieht, wie sie wirklich sind. Wäre Lucians Mycillus so glücklich gewesen, seinen reichen und goldenen Traum zeitlebens fortzuträumen, was hätte er nöthig gehabt, sich eine andere Glückseligkeit zu wünschen? (r) Es ist demnach gar kein Unterschied; und wenn auch einer wäre, so kämen immer die Narren am besten dabei weg. Denn, erstlich, kostet ihnen ihre Glückseligkeit nicht viel, weil sie blos in der Einbildung besteht; und dann geniessen

(r) Mycillus war, wie ihn Lucian uns beschreibt, ein armer Teufel. Einsmals soupirte er bei einem Reichen zu Nacht, und darauf träumte ihm, er wäre auf einmal reich geworden, und schwebte in Herrlichkeit und Freuden, bis er endlich von dem Gekrähe eines Hahns erwachte. Uiber diesen Hahn, sagt Lucian, soll er sich ganz gewaltig geärgert haben.

sie sie ja gemeinschaftlich mit Andern: Der Besitz eines Gutes wird immer erst angenehm, wenn es ein Anderer mit genießt. Wer weis übrigens nicht, wie gering die Anzahl der Weisen ist, wenn anders ja ein Einziger gefunden wird, der diesen Namen verdient: Konnten ja die Griechen aus so viel Jahrhunderten kaum sieben zusammenbringen: und warrlich! wenn man sie recht bei Lichte besehen wollte — ja, ich will mich henken lassen, wenn man nur einen Einzigen darunter fände, der halbweise wäre, oder nur ein Drittheil von ihrer beigemessenen Weisheit besässe.

Unter vielen Lobeserhebungen, die man dem Bacchus beilegt, ist diese die vornehmste, daß er die Seele von ihren Kümmernissen befreit: doch das geschieht nur auf eine ziemlich kurze Zeit, denn wenn der Rausch ausgeschlafen ist, so stellen sich Kummer und Sorgen mit aller Behendigkeit wieder ein. Wie weit vollkommner und ersprießlicher ist dagegen meine Wohlthat! Durch einen beständigen Rausch erfülle ich die Herzen der Menschen mit Freuden und Wonne, ohne ihnen sonst die geringste Beschwerde zu verursachen. Auch übergehe ich keinen einzigen Sterblichen bei Austheilung meiner Geschenke, da sonst die Götter den einen mit diesem, den andern mit jenem Gute begaben. Der edle und milde Wein, der die Sorgen verbannt, und die Seele mit süssen Hoffnungen erfüllt, wächst nicht auf jedem Gefilde. Nur Wenige sind mit Schönheit geschmückt. Venus schenkt sie nicht Allen. Noch Wenigere sind mit der Gabe der Beredsamkeit erfüllt: Merkur ertheilt sie nicht Allen. Nicht Jeden beglückt Herkules mit Reichthümern. Homers Zevs bewilligt nicht Jedem ein Reich. Mars hilft oft keiner von beiden feindlichen Partheien. Von Apolls Orakel geht Mancher traurig hinweg. Oft blitzet Saturns gewal-

tiger Sohn. Phöbus schleudert bisweilen die Pest auf seinen Pfeilen herab. Mehrere läßt Neptun in seinen Gewässern versinken, als er auf seinen Schultern lebend empor trägt.

Einen Vejovis (s), einen Pluto, eine Ate, die Furien, und die bösen Fieber (t), will ich hier nicht einmal nennen: sie sind mehr Henker als Götter. Ich Narrheit allein, ich bin die einzige, die ich Alles was lebt, mit gleicher Milde umfasse. Ich achte nicht auf Gelübde, begehre keine Versöhnopfer, und zürne nicht über kleine Versehen bei den Ceremonien meiner Verehrung. Ich errege nicht Himmel und Erde, wenn Jemand die übrigen Götter zu Gaste ladet, und mich zu Hause läßt, und mir nicht den Zutritt zu seinem prächtigen Opfer gestattet. (u) Denn

(s) Vejovis ist so viel als der böse Jupiter, ein Beiname, der auch dem Höllengott beigelegt wird.

(t) Dem Fieber erwiesen die Römer göttliche Ehre, und bauten ihm sogar einen Tempel, daß es sie mit seiner Gegenwart verschonen möge.

(u) So erzürnte sich Diana, weil sie Oeneus nicht wie die übrigen Götter zu Gaste geladen hatte, daß sie deswegen ein wildes Schwein in die Landschaft Caledonien schickte, welches vielen Schaden that, bis es Meleager erlegte.

die übrigen Götter sind so erschröcklich wunderlich, daß es beinahe sicherer ist, und sich mehr der Mühe verlohnt, ihrer gar nicht zu achten als sie zu verehren. Solcher Art giebt es auch Menschen, die so empfindlich und so leicht zu erzürnen sind, daß es oft weit besser wäre, man kenne sie gar nicht, als einen gar zu genauen Umgang mit ihnen zu haben.

Aber kein Mensch, sagt man, opfert ja der Narrheit, es baut ihr Niemand einen Tempel. Tant pis! diese Undankbarkeit wundert mich eben. Doch ich bin so gütig und sehe auch darüber hinweg. Uibrigens kann ichs nicht einmal verlangen. Was frag' ich nach ein bischen Weihrauch, nach geröstetem Mehl, oder nach einem Bock, nach einem Schwein, da mir alle Sterbliche unter allen Nationen eine solche Verehrung erweisen, an der selbst die Theologen nichts auszusetzen haben? Ich müßte denn die Diana beneiden, daß man ihr Menschenblut opfert. Meiner Meinung nach verehrt man mich am allermeisten, wenn man sich mir mit ganzem Herzen ergiebt, meinen Wandel nachahmt, und sich in seinem Leben als ein wahrer Anhänger von mir erweiset.

So eine Verehrung der Heiligen ist nicht einmal bei den Christen sehr Mode. Wie Viele zünden der heiligen Mutter Gottes Wachskerzlein an, und noch dazu bei hellem Mittag, wo es gar nicht einmal nöthig ist? Und wie Wenige beeifern sich dann, ihr an Keuschheit, Bescheidenheit und Geschmack an himmlischen Dingen gleich zu kommen? Diese Verehrung ist eigentlich die wahre, und den Heiligen die angenehmste.

Uibrigens wüßte ich nicht, warum ich einen Tempel begehren sollte, da mir ja die ganze Welt zum Tempel dient; und meinem Bedünken nach, ist das der Allerschönste. An Priestern fehlt mir es auch nicht; es müßte

denn keine Menschen mehr geben. Auch bin
ich keine so grosse Närrinn, daß ich steinerne
oder mit Farben beschmierte Bilder verlangen
sollte, da sie der Verehrung, die man mir erweisen wollte, schnurstracks zuwider wäre;
denn der dumme und einfältige Pöbel betet
ja die Bilder an, als wenn sie die Heiligen
selbst wären. Es geht uns oft so wie denen,
die von ihren Vikarien ausgestochen werden.
Meinem Bedünken nach sind mir so viel Ehrensäulen errichtet, als es Menschen giebt,
die alle mein lebendiges Bild an sich tragen,
sie mögen nun wollen oder nicht. Drum habe
ich nicht Ursache die übrigen Götter zu beneiden, wenn einige in diesen, andere in jenen
Winkeln der Erde, und zwar an dazu aus-
gesetzten Tagen verehrt werden; wie Phöbus
zu Rhodus, die Venus in Cypern, die Juno
in Argos, Minerva zu Athen, Jupiter auf

dem Olymp, Neptun zu Tarent, Priapus zu Lampsakus; wenn mich nur die ganze Welt mit Opfern verehrt, die gewiß weit herrlicher sind als diese.

Sollte etwa Jemand meinen, daß ich hier mehr kühn als wahr in meinen Behauptungen sei; gut! laßt uns denn das Leben der Menschen etwas genauer mit einander betrachten, damit offenbar werde, wie viel sie mir schuldig sind, und was für Ehrfurcht und Achtung sowol Hohe als Niedrige mir erweisen. Wir wollen drum nicht Aller und Jedweder Leben mit einander erwägen und durchgehen, denn dieß wäre ein wenig zu weitläuftig; sondern wir wollen uns nur über die Lebensgeschichten berühmter Männer mit einander besprechen, nach welchen man die übrigen gar leicht beurtheilen kann. Was braucht' ich mich beim Pöbel zu verweilen, der ja ohne alle Widerrede mein ist; er ist ja überall mit so vielerlei Arten von Narrheiten behaftet, und ersinnt noch täglich so viel neue, daß tausend Demokrite nicht einmal hinlänglich wären, sie alle zu belachen; wiewol diese Demokrite dann wieder eines andern Demokrits bedürften, der sie wieder auslache. Ja es ist kaum glaublich, was diese Leutchen den Göttern täglich für Lust und Vergnügen machen. Die Morgenstunden, wenn die Nüchternheit ihren Plaz noch keinem Rausche eingeräumt und den Vormittag, bringen denn die grossen Götter gewönlich mit zänkischen Berathschlagungen zu, oder geben den Wünschen der Sterblichen Audienz. Dann aber, wenn sie voll sind des süssen Nektars, und keine Lust mehr haben, sonst etwas Ernsthaftes vorzunehmen, dann sezt sich Alles heraus auf den Altan des Himmels, und dann gukt Alles

Alles herunter auf die Menschen, und spannt und gukt, was sie denn vornehmen. Sie könnten aber auch kein angenehmeres Schauspiel haben als dieses. Herr Jemine! was ist das für ein Schauplatz! wie wimmelts nicht überall von Narren! Ihr müßt wissen, ich geruhe bisweilen selbst in der Reihe der poetischen Gottheiten mich niederzulassen: da seh' ich denn auch so mit zu. Der verliebt sich in ein Mädchen, und je weniger er geliebt wird, desto brünstiger und heftiger ist seine Liebe. Jener heirathet, aber eigentlich heirathet er nur das Vermögen von der Frau, die er heirathet. Dieser löset seiner Braut den jungfräulichen Gürtel auf, indessen ein Eifersüchtiger die Seinige wie ein Argus bewacht. Was für närrisch Zeug schwätzt und macht nicht der in seiner Betrübniß, und dingt wol gar noch Comödianten dazu, das

Leichenbegängniß begehen zu helfen. Jener dort weint die bittersten Thränen an dem Grabe seiner Stiefmutter. Ein Andrer läßt Alles was er hat, durch die Gurgel gehen, sollt' er auch hernach Hunger leiden müssen. Dieser hier hält Müssiggang und Schlaf fürs Beste

auf der Welt. Dann giebt es Leute, die sich beständig mit Andrer ihren Angelegenheiten beschäftigen, und ihre eignen drüber vernachlässigen. Dieser meint, er sei reich, wenn er mit geborgtem Gelde eine Schuld bezahlt, ob er schon ausserdem noch tief genug in Schulden steckt, und sein Reichthum sich nächstens in einen Bankerut verwandeln wird. Jener kennt keine grössere Glückseligkeit, als sich selbst überall Alles abzubrechen, um nur seinem Erben fein Viel zu hinterlassen. Ein Anderer durchkreuzt um eines geringen und ungewissen Gewinns willen das ganze weite Meer, und vertraut den Winden und Wellen sein Leben, das er doch um kein Geld wieder erkaufen kann. Noch ein Anderer will lieber durch den Krieg reich zu werden suchen, als in Friede und Ruhe hinter den Ofen sitzen. Manche glauben, es liesse sich am leichtesten zu Vermögen kommen, wenn man sich brav an alte Männer hielte, die keine Kinder hätten. Auch fehlt es nicht an solchen, die in der

nemlichen Absicht alten reichen Weibern recht
um das Maul herumzugehen wissen. Beide
aber machen alsdenn den Göttern ein unbe-
schreibliches Vergnügen, wenn sie von eben
denjenigen, die sie so listig zu fangen vermein-
ten, wiederum angeführt werden.

Die närrischte und verächtlichste Art hierunter sind die Kaufleute, welche unter allen
Gewerben das verächtlichste treiben, und noch
dazu auf die niederträchtigste Weise von der
Welt: ob sie schon lügen, falsch schwören,
stehlen, betrügen, und beständig Andere zu
beluchsen suchen, so wollen sie doch überall
die Ersten seyn, weil sie stets mit beiden Händen in Golde herumwühlen können. Dabei
fehlt es ihnen nie an einem schmeichlerischen
Abbé oder sonst an solchen Haußfuchsschwän-
zern, die sie in allem ihrem Thun bewun-

dern, und ihnen die ehrwürdigsten Namen geben, blos damit ihnen auch ein Portiönchen ihres schlecht erworbenen Gutes zu Theil werde. Nicht weit davon erblickt man Pythagoräer (x), die alles so gemein zu seyn dünkt, daß sie alles, was sie irgendwo unverwahrt antreffen, ganz unschenirt mitnehmen, gleich als ob es ihnen vermöge einer Erbschaft zugehörte.

Dann giebt es welche, deren Reichthum blos auf Wünsche beruht: beständig in süsse schwärmerische Träume versunken, meinen sie dann unaussprechlich glücklich zu seyn. Einige möchten gern von Jedermann für reich gehalten werden, und haben doch oft zu Hause nicht

---

(x) Erasmus beliebt hier die Diebe so zu nennen, weil Pythagoras gelehrt, Freunden sei Alles gemein untereinander.

des lieben Brods genug. Dieser kann sein Vermögen nicht geschwind genug durchbringen; und Jener sucht Alles mögliche zusammen zu scharren, er mag es nun rechtmässiger oder unrechtmässiger Weise besitzen. Dieser bewirbt sich um ein öffentliches Amt; und Jener sitzt lieber hinter seinem Ofen. Eine ziemliche Anzahl ist unaufhörlich in Prozesse verwickelt; und beide Partheien streiten mit einander um die Wette, den zögernden Richter, und den mit ihm unter einer Decke liegenden Advokaten zu bereichern. Dieser schmiedet an allerhand Neuerungen; und Jener wagt sich an ein grosses Unternehmen. Dort wallfahrtet einer nach Jerusalem, nach Rom, oder zum heiligen Jakob (y), wo er

(y) Nach Compostell in Spanien, wo noch heut zu Tage die Gebeine des Erzvaters Jakobs zu sehen sind.

doch nichts zu suchen hat, und verläßt Weib und Kinder zu Hause.

Kurz, wenn so Jemand unter euch, wie einst Menipp, denen Sterblichen vom Monde herab zusehen sollte, wie so Alles wider einander rennt, so würde er meinen, einen Schwarm von Mücken oder Fliegen zu sehen, die mit einander zankten und Krieg führten, einander nachstellten und plünderten, Muthwillen trieben, geboren würden, dahinsanken und stürben. Es geht fast über allen Glauben, was für Unruhe und Lerm dieses kleine Geschöpfchen zu erregen vermag, dessen Seyn doch nur von so kurzer Dauer ist. Denn wie oft reißt ein Sturm, den Krieg oder Pest über sie bringt, viele Tausende auf einmal dahin!

Aber ich wäre die größte Närrinn von der Welt, und nicht unwerth, daß mich Demokrit mit lautem Gelächter verlachte, wenn ich fortführe, alle gewönlichen Arten von Narrheiten und Unsinn zu erzählen. An diejenigen will ich mich machen, die sich als Weise unter den Sterblichen geltend gemacht, und den goldenen Zweig zu erlangen gesucht haben, wie das Sprüchwort zu sagen pflegt. (z)

Unter diesen behaupten die Grammatiker den vornehmsten Platz. Es ist warrlich nichts elender, nichts betrübter als diese Art Leute, und sie würden den ganzen Zorn der Götter über sich ausgegossen fühlen, wenn ich nicht die Mühseligkeiten ihrer erbärmlichen Profession durch manche süsse Thorheit milderte. Denn sie sind nicht nur fünf Verwünschungen (a) unterworfen, (laut Aussage eines griechischen Epigramms) sondern wol Tau-

(z) Eine Anspielung auf den Zweig, den Aeneas, beim Virgil, der Proserpina überbringen mußte, wenn er anders an den Ort der Verstorbenen gelangen wollte.

(a) Wiederum eine Anspielung auf ein griechisches Epigramm, welches sich auf den Anfang der fünf ersten Verse der Iliade des Homers bezieht, als mit welcher die Grammatiker gewönlich den Anfang machen. Im ersten Verse ist vom Zorn des Achilles die Rede; im zweiten von dem Un-

senden; denn wie erbärmlich, wie ausgehungert sitzen sie nicht da in ihren Schulen! — Schulen, sagt' ich? in den Wohnstätten des Kummers vielmehr, oder noch besser, in ihren Zuchthäusern oder Delinquentenstuben, wo sie unter einer Menge von Arbeiten grau werden, von dem vielen Schreien das Gehör verlieren, und von der Menge Unflath und dem abscheulichsten Gestank erkranken. Demungeachtet dünken sie sich, durch meine wohlthätige Vermittelung, die Vornehmsten unter den Sterblichen zu seyn. Was für Ansehn wissen sie sich nicht zu geben, wenn sie den furchtsamen Schwarm mit drohender Stimme und Geberde erschrecken; wenn sie die armen

heil, welches er angerichtet; im dritten von den vielen Helden, deren Untergang er verursacht; im vierten werden ihre Körper gar von Hunden zerfleischt; und im fünften von den Vögeln zerhackt, wobei Jupiters Zorn als die wahre Triebfeder angegeben wird.

Schelme mit Ruthen und Riemen zusammen=
fuchteln, und so auf allerhand Art und Weise

nach ihrem Belieben herumtoben können,
wie ehemals der Esel zu Cuma (b). Indes=

(b) Dieser spashafte Esel fand eine Löwenhaut, zog
sie an, und erschreckte dann Alles, weil man ihn
für einen Löwen hielte. Bald aber sah man,

sen kömmt ihnen alle diese Unflätherei wie pure Reinlichkeit vor; der abscheulichste Gestank ist in ihrer Nase ein Wohlgeruch von Ambra; die erbärmlichste Sklaverei dünkt ihnen ein Königreich, und gewiß würden sie ihr tirannisches Amt nicht mit der Krone eines Phalaris oder eines Dionysius vertauschen. (c) Was aber ihre Glückseligkeit vollkommen macht, ist der hohe Begriff, den sie von ihrer Gelehrsamkeit haben. Ob sie schon den Knaben nichts als dummes einfältiges

<small>daß seine Ohren von dem Wuchs der Löwenohren unterschieden wären. Man erkannte ihn endlich als einen Esel, und peitschte das grimmige Thier seinem Stall zu.</small>

<small>(c) Phalaris war ein grausamer Tirann von Agrigent; Dionysius von Syrakus. Als letzterer von seinen Unterthanen, seiner Grausamkeiten wegen, verjagt wurde, begab er sich nach Corinth, und ward daselbst Schulmeister, weil er, wie er sagte, nicht leben könnte ohne zu herrschen. Er ward auch ein eben so schlechter Pedant, als er ein schlechter König gewesen war.</small>

Zeug vorpredigen und einbläuen, so sehen sie dennoch auf einen Palämon oder Donatus (d) mit Verachtung herab; und ich weiß gar nicht, durch was für Schwänke sie es dahin zu bringen wissen, daß sie von den thörichten Müttern und unwissenden Vätern für das gehalten werden, was sie aus sich machen. Hierzu kömmt noch ein andres Vergnügen. Wenn sie etwa einen nicht oft vorkommenden Namen, oder sonst ein ungewöhnliches und veraltetes Wort auf einer vermoderten Handschrift finden, oder irgendwo ein Stück von einem antiken Stein mit verstümmelten Buchstaben ausgraben — hilf Himmel, wie geht's da an ein Jubeln, Triumphiren und Lobpreisen! gleich als ob sie Afrika unterjocht und Babylon erobert hätten. (e) Wie aber

(d) Zween Grammatiker in Rom.
(e) Weil die Unterjochung von Afrika unter die Both-

erst dann, wenn sie ihre eiskalten und abgeschmackten Verse überall auskramen, und sich
Leute finden, die sie bewundern? Ja dann
glauben sie, daß Virgils Seele leibhaftig in
sie gefahren. Nichts aber ist lustiger, als
wenn sie sich selbst unter einander loben und
bewundern und sich zur Wiedervergeltung
einander krauen oder jucken. Hat es aber
ein Anderer nur um ein Wörtchen versehen,
und ein etwas Scharfsichtigerer entdeckt es
von ohngefehr — Himmel und Hölle! was
entstehen daraus für Tragödien, und Gefechte
und Schimpfreden und Sticheleien! Alle

mäßigkeit der Römer erst nach einem langen und
gefährlichen Krieg größtentheils von den Scipionen unterjocht, und das reiche Babylon vom Da-
rius mit Hülfe des Zopyrus eingenommen worden: so ist endlich diese Redensart bei den Alten
zum Sprüchwort geworden, wenn sie den glücklichen Erfolg einer wichtigen Angelegenheit haben
anzeigen wollen.

Grammatiker will ich zu Feinden haben, wenn es nicht wahr ist. Ich kenne einen Mann von ungemein viel Wissenschaften, der ein guter Grieche und Lateiner ist, und dabei die Mathematik, Philosophie und Arzneikunst aus dem Grunde versteht; einen Mann von ohngefehr sechzig Jahren, der alles andere hintangesetzt, und sich nunmehro schon bei zwanzig Jahren mit der Grammatik martert und quält, und dessen Glückseligkeit es ausmachen würde, wenn er noch in seinem Leben bestimmen könnte, wie die acht Theile einer Rede unterschieden werden könnten; eine Sache, die bisher noch Niemand unter den Griechen und Lateinern völlig auszumachen im Stande gewesen: gleich als ob es durch Krieg beigelegt werden müsse, wenn Jemand ein Bindewort zu den Beiwörtern rechnet. Und ob es schon eben so viel, ja wol noch mehr

Grammatiken giebt, als Grammatiker sind, (denn mein Aldus (f) allein hat eine Grammatik schon mehr als fünfmal wieder aufgelegt) so übergeht er doch keine einzige, ohne sie nachzuschlagen und zu durchstänkern, sie mag auch so erbärmlich und schlecht seyn, als sie will; und dabei ist er auf Jedermann, der sich mit diesem Fache abgiebt, sollt' er auch nur ein schlechter Held darinn seyn, gewaltig neidisch, denn der gute Mann schwebt beständig in Furcht, es möcht' ihm Jemand diesen Ruhm wegschnappen, und die Mühe und Arbeit so vieler Jahre zum Teufel gehen. Dites-moi, wie wollt ihr das nun nennen? Raserei oder Narrheit? Doch das ist mir einerlei,

(f) Aldus war ein berühmter Buchdrucker in Venedig, von dem man sehr korrekte und gute Ausgaben von lateinischen und griechischen Schriftstellern hat, die sehr geschätzt werden.

einerlei, wenn ihr mir nur einräumt, meine Mildthätigkeit erhebe das elendeste Geschöpf unter allen, zu einem solchen Grad von Glückseligkeit, daß es sein Schicksal mit Persiens Königen nicht vertauschen würde.

Die Poeten sind mir nicht so viel schuldig, ob sie schon, ihrem Versemachen zufolge, zu

meiner Parthei gehören; denn sie sind, wie das Sprüchwort sagt, freie Leute, deren ganze Bemühung einzig und allein dahin abzweckt, den Narren mit lauter unnützem Gewäsch und lächerlichen Mährchen die Ohren zu kützeln. Und dennoch bilden sie sich darauf so viel ein, daß sie nicht nur sich, sondern auch Andern Unsterblichkeit und ein wahres Götterleben versprechen. Diesem Orden sind die Eigenliebe und Schmeichelei vor allen Andern ausnehmend zugethan, und von keiner Art Sterblichen werd' ich aufrichtiger und beständiger verehrt.

Die Redner — ja, mit diesen steh' ich schon nicht so gut; sie halten es gar zu sehr mit den Philosophen: indessen gehören sie doch auch zu meinen Anhängern, und das beweißt unter andern vorzüglich, weil sie ausser andern Lappereien, so viel und mit so grossem Fleisse von der Art zu scherzen geschrieben haben. (g)

(g) Hiermit meint er den Cicero und Quintilian.

Und der Schriftsteller, wer er auch seyn mag, der ein Werkchen über die Kunst zu reden an den Herennius geschrieben, rechnet sogar die Narrheit selbst mit unter die Arten des Scherzes; und Quintilian, das Haupt von allen Rednern, hat ein Kapitel über das Lachen geschrieben, welches fast so weitläuftig ist als die Iliade. Ja sie schreiben der Narrheit so grosse Wirkungen zu, und sagen, man könne oft das, was durch keine Beweisgründe umgestossen werden könnte, durch ein einziges Gelächter zernichten. Es müßte denn Jemand in der Meinung stehen, es gehöre nicht zu den Eigenschaften der Narrheit durch lächerliche Reden auf eine gute und feine Art Gelächter zu erregen.

Solchen Gelichters sind denn auch diejenigen, welche durch Bücherschreiben einen unsterblichen Ruhm zu erlangen streben. Diese Leute haben wir alle gar viel zu danken, am allermeisten aber die, welche das Papier mit lauter einfältigem Zeug beschmieren: denn solche, die das Urtheil weniger Gelehrten zu guten Schriftstellern prägt, und die keinen Persius und keinen Lälius (h) als Richter scheuen, scheinen mir mehr erbarmenswürdig als glückselig zu seyn, weil sie sich beständig quälen und martern. Bald setzen sie noch etwas dazu, bald ändern sie es wieder; bald streichen sie etwas hinweg, bald setzen sie es wieder drüber; bald wiederholen sie das Nemliche, bald arbeiten sie es wieder um; bald bringen sie es ans Licht, und bald lassen sie es wieder viele Jahre lang liegen. Sie sind nie mit sich zufrieden; und wie

(h) Persius und Lälius waren zween gelehrte Kunstrichter, deren Cicero in seinem Buch vom Zweck des Guten und Bösen Erwähnung thut.

theuer erkaufen sie diese nichtige Belohnung, den Ruhm! wie viele schlaflose Nächte kostet er ihnen nicht! wie viel Annehmlichkeiten des Schlafes — die süssesten unter Allen — gehen ihnen verloren! wie viel Schweiß, wie viel Martern müssen sie dabei ausstehen! Hierzu rechnet nun noch den Schaden, den sie ihrer Gesundheit damit zufügen; das Verderben, so sie dadurch in ihrer Bildung und gesunden Schönheit anrichten; die triefenden Augen, oder wol gar Blindheit, die sie sich dadurch zuziehen können; oder auch Armuth, Neid, Enthaltung von allen Vergnügen, vorzeitiges Alter, frühzeitiger Tod, und was dergleichen mehr ist. Durch so viele Beschwerden und Uibel glaubt es denn ein Weiser dahin zu bringen, daß er von dem oder jenem Triefäugigen gelobt werde.

Aber welch ein weit glückseligerer Narr ist mein Bücherschreiber! Ohne vieles Denken und Nachtsitzen bringt er alles zu Papier, was ihm in die Feder kömmt, und wie es ihm einfällt; oft ists nicht viel besser als geträumt; indessen weis er aber gar wol, daß je elender Zeug er geschrieben, desto grösser die Zahl seiner Bewunderer ist, weil sie aus Narren und Dummköpfen bestehet. Was braucht es denn sonderlich für Mühe, ein paar Gelehrte, wenn sie anders seine Sächelchen gelesen haben, zu verachten? Oder was kann wol das Urtheil von ein paar Weisen über eine so unermeßliche Menge von Gegnern vermögen?

Noch witziger aber sind diejenigen, die andrer Leute Schriften für die ihrigen ausgeben, und den durch fremde Mühe und Arbeit erworbenen Ruhm sich zuzueignen wissen. Sie

denken immer, wenn sie auch der gelehrten
Spitzbüberei überführt werden sollten, so
genössen sie doch diese Ehre wenigstens eine
Zeitlang. Es verlohnt sich der Mühe so zu-
zusehen, wie es diese Leute kützelt, wenn sie
vom grossen Haufen gelobt werden, wenn man
unter den Leuten mit Fingern auf sie weiset:
tenez, le voila cet homme admirable! wenn
ihre Werke in allen Buchläden, zur Schau
ausliegen, wenn oben über allen Seiten ihre
drei Namen stehen, zumal fremde und solche,
welche fast wie Zaubernamen klingen. Aber
um des Himmels willen, was sind sie anders
weiter als Namen? und wie Wenigen können sie bekannt werden, wenn man bedenkt,
was für einen grossen Umfang dis Welt hat,
und wie noch weit geringer die Anzahl derer
ist, von welchen sie gelobpriesen werden, weil
selbst unter dem gemeinen Haufen der Ge-

schmack sehr verschieden ist? Oft geben sie sich ganz erdichtete Namen, oder suchen sich welche in alten Büchern auf. Einer nennt sich Telemachus, ein anderer Stelenus oder Laertes, dieser nennt sich Polykrates und jener Thrasymachus. Es wäre also eben so gut, wenn sie ihr Buch Chamäleon oder Kürbis (i), oder auch, wie die Philosophen sich auszudrücken pflegen, A und B betitelten.

Aber das ist erst lustig, wenn ein Narr den andern, ein Strohkopf den andern in Briefen, Gedichten oder Recensionen herausstreicht. Dieser wird nach des einen Urtheil ein anderer Alcäus, und jener nach des andern Ausspruch ein zweiter Callimachus. (k)

(i) Ein Kürbis war bei den Alten ein sehr verächtliches Gewächs; daher beehrte man Dummköpfe mit diesem Namen.

(k) Alcäus und Callimachus waren zween berühmte Dichter; der erste war von Lesbos gebürtig,

Der macht aus Jenem mehr als aus dem Cicero, und jenem dünkt dieser wiederum gelehrter als Plato. Bisweilen suchen sie sich auch einen Gegner, um durch seinen Wetteifer ihren Ruhm zu vergrössern. Hieraus entstehen denn unter dem wankelmüthigen Volke allerhand Partheien, bis endlich beide, sich gut gehaltene Häupter, als Sieger vom Kampfplatz abtreten, und beide triumphiren. Die weisen Männer verlachen das als Thorheiten, welches sie denn in der That auch sind; denn wer könnt' es wol läugnen? Indessen führen sie doch dabei, durch meine Gütigkeit, das glücklichste Leben von der Welt, und würden ihre Siege gewiß mit den Siegen der Scipionen nicht vertauschen. (l) Doch auch

schrieb meist Oden, und erfand sich eine besondere Versart; der zweite war von Cyrene und ist durch seine Hymnen schätzbar geworden.
(1) Die Scipionen sind in der römischen Geschichte so

die wahren Gelehrten, die sich über alle diese Narrheiten herzlich lustig machen, und sie zu geniessen wissen, haben nicht wenig Verbindlichkeit gegen mich, welches sie selbst nicht läugnen können, wenn sie nicht die Undankbarsten von Allen seyn wollen.

Unter den Gelehrten begehren die Rechtsgelehrten den ersten Rang, und keine sind eingebildeter als diese. All ihr Streben und Thun gleicht dem Steinwälzen des Sisyphus; (m) in einem Athem schmieren sie eine

berühmte Helden, daß, wer nur einigermassen darinn bewandert ist, nothwendig ihre Bekanntschaft gemacht haben muß. Der eine erwarb sich durch seine Siege in Hispanien und Afrika den Beinamen Afrikanus; der andere eroberte Numanz, zerstörte Cartago, und gab so zu sagen Rom das Scepter über die ganze Welt.

(m) Diesem Sisyphus, der für einen Sohn des Aeolus ausgegeben wird, werden gewaltig viel lose Streiche Schuld gegeben, unter andern vorzüglich diese, daß er, als einsmals Jupiter ein Mädchen entführte, die Sache ihrem Vater anzeigte, und

ferner, daß er alle Heimlichkeiten der Götter ausplauderte. Das verdroß nun freilich den Jupiter und die sämtlichen grossen Götter gar sehr. Sie verdammten ihn also dazu, daß er im Orkus, oder nach Christen Art zu reden, in der Hölle einen grossen schweren Stein auf einen Berg wälzen mußte, welcher, wenn er die Spitze desselben erreicht hatte, wieder herunterrollte, und das war seine Beschäftigung unausgesetzt Tag und Nacht. Hieraus haben denn die Alten ein Sprüchwort geformt, und es gebraucht, wenn sie eine mühsame und doch vergebliche Arbeit haben ausdrücken wollen.

Menge Gesetze zusammen, ohne sich weiter
drum zu bekümmern, ob sie zu irgend etwas
taugen, häufen Glossen auf Glossen, und Meinungen auf Meinungen, und machen dadurch,
daß ihre Wissenschaft die schwerste von Allen
zu seyn scheint.

Diesen wollen wir die Dialektiker und Sophisten an die Seite setzen, eine Art Leute,
die geschwätziger sind, als alle ehernen Becken
im Tempel zu Dodona; (n) so daß jeder von

(n) Nahe bei der Stadt Dodona in Epirus, oder nach
andern in Chaonien, befand sich in einem Eichen-
wäldchen ein Orakel, welches in Griechenland das
älteste von allen gewesen seyn soll, und dem Jupiter gewidmet war. Der fabelhaften Erzählun-
gen davon sind gar viel. Nach einigen weissag-
ten Tauben darinn, nach andern aber alte Weiber. Doch beides ist mit einander zu vereinigen,
weil ein Weib und eine Taube in der Thessali-
schen Sprache durch ein und eben dasselbe Wort
ausgedrückt wird. In dem Tempel des Jupiters selbst waren Becken von Erzt aufgehenkt, die
diese Besonderheit hatten, daß, wenn man auf

ihnen mit zwanzig der plauderhaftesten Weiber es aufzunehmen vermag: Doch sie würden sich noch besser dabei befinden, wenn sie blos geschwäzig, und nicht so zänkisch wären; denn sie streiten oft über des Kaisers Bart, und über dem allzuheftigem Gezänke verfehlen sie meist die Wahrheit. Doch ihre Eigenliebe macht sie glücklich; sehen sie sich nur mit ein paar Syllogismen ausgerüstet, gleich wagen sie sich über jede Sache und mit Jedermann herumzubeissen. Uibrigens sind sie ihrer Hartnäckigkeit wegen unüberwindlich, und

eins davon schlug, die übrigen alle mit erklangen. Andere erzählen, es sei nur ein Becken auf einer Säule aufgestellt gewesen, und daneben sei ein Knabe aus Erz gegossen mit einer Peitsche gestanden, die vom Winde regiert worden, und bei dem geringsten Wehen auf das Becken geschlagen habe. Dieser unaufhörliche widrige Klang ist alsdenn zum Sprüchwort geworden, wodurch man abgeschmacktes und unzeitiges Gewäsch ausgedrückt.

wenn sie selbst einen Stentor zum Gegner hätten. (o)

Nach ihnen mögen die Philosophen anmarschiren, die mit ihrem Bart und Mantel so

ehrwürdig aussehen, und dabei so ein Wesens von sich machen, als wenn sie alle Weisheit

(o) Stentor war ein so grosser Schreihals, daß Homer von ihm sagt, seine Stimme sei so stark gewesen als funfzig Männerstimmen.

allein gefressen hätten, und andre ehrliche Leute nur umherwandelnden Schatten glichen. Aber welch ein süßer Aberwitz beherrscht sie bei ihrem Bau so unzählicher Welten, wenn sie Sonne, Mond und Sterne, kurz alle Himmelskörper mit Daumen oder Faden ausmessen, und von Blitzen, Winden, Finsternissen und andern unerforschlichen Dingen, Grundursachen und Bewegungsgründe angeben, und das auf eine Art, als wüßten sie das ganz gewiß, gleich als wenn sie der Natur, dieser Baumeisterinn aller Dinge, ihre Sekretäre gewesen wären, oder mit zu dem geheimen Rath der Götter gehört hätten. Doch die Natur lacht sie mit allen ihren Muthmaßungen ins Fäustchen hinein aus. Denn daß sie nicht ein Dreckchen davon wissen, beweisen absonderlich ihre unaufhörlichen Streitigkeiten unter einander über alle diese Sachen.

Demungeachtet aber thun sie doch, als wüßten sie alles haarklein; und ob sie schon selbst nichts von sich wissen, und den Graben oder den Stein nicht sehen, der ihnen im Wege liegt, weil sie entweder triefäugig sind, oder ihr Geist ausspaziert ist, so rühmen sie sich doch die Ideen, Universalia, Formä separatä, primä Materiä, Quidditäten und Ecceitäten sehen zu können, welches doch so subtile Dinge sind, daß sie, meiner Meinung nach, nicht einmal ein Luchs wahrnehmen kann. (p)

Wie

(p) Unter einer **Idee** dachten sich die Platoniker die Abbildung der Geschöpfe in dem göttlichen Verstande. **Universalia** waren bei den Scholastikern Begriffe von Dingen, die nicht wirklich sind. **Forma separata** sollte das Wesen eines Dings ausdrücken, abgesondert von der Materie, die ihm seine Existenz giebt; **prima Materia** hingegen den Urstoff der Existenz eines Dinges. Unter **Quidditäten** verstand man Dinge, die sich nicht allein im Verstande, sondern auch ausser denselben befinden. **Ecceitäten** erfand Joh. Scotus, ein für sich allein bestehendes Ding auszudrücken.

Wie verächtlich aber sehen sie erst dann auf das Laienvolk herab, wenn sie mit ihren Dreiecken, Vierecken, Zirkeln, und andern dergleichen mathematischen Figuren, wovon im-

mer eine auf die andere gemacht ist, und die so verworren wie ein Labyrinth durch einander gehen; ferner, mit ihren gleichsam in

Schlachtordnung gestellten, und bald in dieser, bald in jener Ordnung wiederholten Buchstaben, denen, die nichts davon verstehen, Staub in die Augen werfen, daß sie nicht wissen, was sie draus machen sollen!

Unter diesen giebt es denn auch Leute, welche das Zukünftige aus den Sternen wahrsagen, und Wunder zu thun versprechen, die gar nicht mit rechten Dingen zugehen; und diese glücklichen Leute finden denn auch wirklich andre liebe Leute, die es ihnen glauben.

Die Theologen, wäre vielleicht das Beste, ganz mit Stillschweigen zu übergehen, und dieß stinkende Kraut gar nicht anzurühren; denn es ist eben so gut als wenn man in ein Wespennest stäche. Diese Art Leute tragen die Nase gewaltig hoch, und sind gar leicht aufzubringen; und da fürchte

ich, sie kommen dann mit einer ganzen Armee von Schlüssen wider mich angezogen, und fordern, daß ich meine Meinung widerrufen soll; und wenn ich das nicht werde thun wollen, so gebt Acht, wie sie mich verketzern werden. Denn das ist so der Bannstrahl, womit sie einen, dem sie nicht sonderlich hold sind, zu erschrecken pflegen. In der That verkennt Niemand meine Gütigkeit minder als diese Leute, und doch sind sie mir gewiß nicht wenig Verbindlichkeit schuldig. Sie sind aber so sehr von der Eigenliebe besessen, daß sie sich im dritten Himmel zu wohnen dünken, und von ihm auf die übrigen Menschenkinder wie auf arme Erdenwürmer mitleidig herabsehen. Da sie sich immer hinter einer grossen Schaar von Magistraldefinitionen, Conclusionen, Corollarien, expliciten und impliciten Propositionen (q) verschanzen, so

(q) Magistraldefinitionen nannten die Scholastiker die Definitionen ihrer vornehmsten Lehrer; Corollarien, Folgerungen oder Sätze, die aus Schlüssen gezogen sind; explicite Propositionen hiessen sie solche Sätze, deren Sinn ganz klar vor Augen liegt; implicite aber, deren Sinn erst durch Schlüsse hervorgebracht werden muß.

bleiben ihnen so viel Schlupfwinkel und Aus-
flüchte übrig, daß sie nicht einmal mit Vulkans Netzwerk (r) gefangen werden könnten:
immer würden sie sich mit Distinktionen her-

(r) Da dieß eine von den Geschichten aus der Mythologie ist, die sich am besten merken lassen, so
glaube ich, daß sie dem geneigten Leser ziemlich

auswickeln, wodurch sie alle Knoten so leicht aufzulösen vermögen, daß sie selbst das Tenedische Schwerdt nicht besser zerhauen würde. (s)

bekannt ist. Um aber manchem Mann, und mancher Frau, die sich nicht um die Mythologie bekümmern, eine Freude zu machen, will ich ihnen erzählen, was für einen Streich Herr Vulkan, der lose Mann, dem General Mars und der Madam Venus einmal gespielt hat. Dieses artige Pärchen, das sonst nicht zusammengehörte, lag in allen Ehren, wie Figura Holbeniana zeigt, mit einander im Bette. Vulkan aber, der Frau Venus Ehgemahl, überraschte sie, und weil ihm das Ding gar nicht gefallen wollte, so schmiedete er, um sie recht zu prostituiren, keine Kette, wie Holbeins Vulkan, sondern eine Art von subtilem Gewebe um sie herum, welches nicht verhinderte sie zu beschauen, und doch unauflöslich und unzerbrechlich war. Nun werdet ihr euch leicht einbilden, daß der Schadenfroh alles herberief. Schlüßlich muß ich euch aber noch sagen, daß diese Kunst bei dem Schmiedehandwerk verloren gegangen.

(s) Zu Tenedos befand sich ein König, der bei Entscheidung eines Prozesses jedes mal eine Art neben sich liegen hatte, womit er den, welcher seines Unrechts überführt worden war, sogleich

Es ist erstaunend, was für neue und ungeheure Wörter sie erfunden haben; und durch diese erklären sie nach ihrem Gutdünken die verborgensten Geheimnisse: z. B. auf welche Art und Weise die Welt erschaffen und eingerichtet worden; durch was für Kanäle das Verderbniß der Sünde auf die Nachwelt gekommen; nach welcher Methode, in welcher Grösse, und in wie langer Zeit Christus in dem Leibe der Jungfrau Maria vollendet worden; ob im heiligen Abendmahl die Accidenzen ohne ihre Substanz bestehen können? Doch das sind schon längst abgedroschene Fragen. Folgende aber, meinen sie, seien erst grosser und erleuchteter Theologen würdig; und da werden sie ganz aufgeweckt, wenn sie einmal auf eine solche fallen: als z. B. ob

tödtete. Wie viel Prozesse würden unterbleiben, wenn ein jeder Richter mit so einer Art bewafnet wäre!

bei der göttlichen Zeugung etwas habe gegenwärtig seyn müssen; ob Christus mehr als einmal geboren werden könne; ob der Satz möglich sei: Gott der Vater haßt seinen Sohn; ob sich Gott mit einem Weibe, mit dem Teufel, mit einem Esel, mit einem Kürbis oder mit einem Kieselsteine persönlich habe vereinigen können; und wie ein Kürbis dann hätte predigen, Wunder thun, und gekreuzigt werden können; was Petrus konsekrirt haben würde, wenn er damals konsekrirt hätte, als der Leib Christi am Kreuze hieng; ob Christus zu der nemlichen Zeit Mensch genennt werden konnte; ob einmal im ewigen Leben auch gegessen und getrunken werden wird? eine Frage, die sie sehr interessirt, da sie schon itzt dafür sorgen, daß sie keinen Hunger und Durst leiden dürfen.

Auſſer dieſen bringen ſie noch unzählige Lumpereien aufs Tapet, die viel ſpitzfindiger ſind: da ſchwatzen ſie von Inſtanten, Notionen, Relationen, Formalitäten, Quidditäten, Ecceitäten u. ſ. w. die kein Menſch durchdringen kann, er müßte denn ſo ſcharfe Luchsaugen haben, daß er auch durch die dickſte Finſterniß etwas entdeckte, was doch nirgends zu finden iſt. Dann nehme man nur ihre t.ollichten Meinungen und Lehrſätze, wogegen die Machtſprüche der Stoiker, die ſie Paradoxen nennen, wahre Quackſalbereien ſind. Sie lehren z. B. tauſend Menſchen umbringen ſei ein weit kleineres Verbrechen, als ein einzig mal am Sonntage einem Armen die Schuhe flicken; ferner ſagen ſie, es ſei weit beſſer, die ganze Welt untergehen zu laſſen, mit allem was drinnen iſt, als eine einzige kleine Lüge zu ſagen. Was aber dieſe so subtilen Subtilitäten noch subtiler macht, das sind die verschiedenen Sekten der Scholastiker; weit eher würde man sich aus einem Labyrinth herausfinden können, als aus dem Wirrwarr der Realisten, Nominalisten, Thomisten, Albertisten, Occanisten, Scotisten, und noch einer andern Menge dazu, worunter diese die vornehmsten sind. In allen diesen steckt so viel Gelehrsamkeit, so viel Schwierigkeit, daß, meines Erachtens nach, die Apostel selbst noch eines Kopfs bedurft hätten, wenn sie sich mit dieser neuen Art von Theologen über diese Dinge hätten einlassen wollen. Paulus konnte schon Glauben haben; wenn er aber sagt: der Glaube ist eine gewisse Zuversicht deß, das man hoffet, und nicht zweifelt an dem, das man nicht siehet: so ist das gar nicht magistralisch definirt. Eben dieser Apostel war gewiß stark in der Liebe, aber 1 Corinth.

13. hat er sie sehr undialektisch eingetheilt und beschrieben. Jene konsekrirten zwar Brod und Kelch mit wahrer Heiligkeit; wenn man sie aber gefragt hätte über den Terminus a quo und den Terminus ad quem; über die Transsubstantiation; wie ein Körper an mehr als einem Orte seyn könne; über die Verschiedenheit des Leibes Christi im Himmel, am Kreuze, und im Abendmahl; in welchem Augenblick die Transsubstantiation eigentlich geschehe, da die Sakramentalwerke, durch welche sie geschieht, immer in einem fortzgehen: ja wenn man sie solche Sachen gefragt hätte, sie würden, sollt' ich glauben, lange mit der Scharfsinnigkeit nicht geantwortet haben, wie die Scotisten das alles aus einander zu setzen wissen. Jene hatten die Mutter Jesu persönlich gekannt, aber wo hat einer so philosophisch dargethan, wie sie von der

Erbsünde frei geblieben, als unsere Theologen. Petrus hat die Schlüssel bekommen, und von einem, der sie gewiß keinem Unwürdigen anvertraut hätte; und doch weiß ich nicht, (wenigstens hat er nirgends etwas davon berührt) ob er gnugsam eingesehen, wie einer den Schlüssel von einer Wissenschaft haben könne, der keine Wissenschaft hat? — Sie haben überall getauft, aber gelehrt haben sie nirgends, was die Causa formalis, materialis, efficiens und finalis der Taufe sei; man findet auch nirgends bei ihnen Meldung von einem vertilgbaren und unvertilgbaren Charakter. (t) Sie beteten zwar an, aber im Geiste, und richteten sich ganz nach den Wor-

(t) Hierunter werden die geistlichen Kennzeichen verstanden, die Gott Jedwedem, der dis Sakrament empfängt, gleichsam eindrückt, und nie wiederholt werden; es sind deren aber nur drei: die Taufe, die Firmung und die Priesterweihe.

ten des Evangeliums: Gott ist ein Geist, und die ihn anbeten, müssen ihn im Geist und in der Wahrheit anbeten. Hieraus erhellt aber nicht, daß ihnen damals offenbaret worden, man solle ein mit Kohle an die Wand geriſſenes Bild gerade so anbeten als Christum selbst, sobald es nur die Finger ausstrecke,

langes Haar habe, und am Haupte mit einem Scheine von drei Reihen Strahlen versehen sei. Wer könnte auch so etwas fassen, wenn er nicht sein halbes Leben hindurch sich mit der Physik und Metaphysik des Aristoteles abgegeben, und aus den Werken des grossen Scotus Weisheit geschöpft hätte.

Die Apostel prägen die Lehre von der Gnade an mehr als einem Orte sehr scharf ein; aber nie machen sie einen Unterschied unter der Gnade, die man umsonst erlangt, und unter der Gnade, die man sich durch gute Werke erwirbt. Sie ermahnen zu guten Werken; aber sie machen keinen Unterschied unter den Werken die aus dem Glauben entspringen, und unter denen, die aus Verdienst geschehen. Uiberall schärfen sie die Liebe ein, und doch unterscheiden sie nicht die eingegossene von der erlangten; eben so wenig sagen sie, ob sie ein Accidenz oder eine Substanz, ob sie erschaffen oder nicht erschaffen sei. Sie verabscheuen die Sünde, aber ich will des Todes seyn, wenn sie scientifisch haben darthun können, was das eigentlich sei, was wir Sünde nennen, es müßte denn der Geist der Scotisten in sie gefahren seyn. Denn ich kann unmöglich glauben, daß Paulus, nach dessen Gelehrsamkeit man alle übrigen beurtheilen darf, alle die aufgeworfenen Fragen, Streitigkeiten, Genealogien und Wortgefechte, wie er sich selbst ausdrückt, so oft verworfen haben würde, wenn er dergleichen Spitzfindigkeiten verstanden hätte, zumal da alle Zwistigkeiten der damaligen Zeit, verglichen mit den mehr als Chrysippeischen (u) Spitzfindigkeiten unserer Magister, nichts als ein dummer Bauern-

(u) Chrysippus, ein athenienfischer Philosoph, gehörte zur Sekte der Stoiker, und ward nach dem Zeno und Cleanthes der Lehrer derselben. Seine Lehrart soll, wie man sagt, sehr spitzfindig gewesen seyn.

krieg waren. Indessen sind sie ausserordentlich bescheiden; wenn die Apostel sich irgendwo nicht gut ausgedrückt, oder nicht meisterhaft genug geschrieben haben, so verwerfen sie es zwar deswegen nicht ganz, sondern sie legen sichs nur nach ihrem Gefallen aus. So viel Ehrfurcht haben sie immer noch für das Alterthum und den Apostolischen Namen. Es wäre auch warrlich sehr unbillig, wenn man so grosse Dinge von ihnen fordern wollte, von welchen sie aus dem Munde ihres Lehrers nie ein Wort gehört haben. Geschieht das aber beim Chrysostomus, Basilius, Hieronymus (x), da lassen sie es an Ausstreichen und Verbessern nicht fehlen. Zwar haben diese

(x) Alle drei waren berühmte Kirchenlehrer im vierten Jahrhunderte. Chrysostomus war Bischoff in Constantinopel; Basilius Bischoff zu Cäsarea in Cappadocien; und Hieronymus hielt sich zu Stridon in Dalmatien auf.

diese alten Kirchenlehrer die heidnischen Philosophen und die Juden widerlegt, welche von Natur sehr hartnäckige Leute waren; allein das geschah mehr durch ihren Lebenswandel und durch ihre Wunder als durch Syllogismen: übrigens waren es auch Leute, von denen kein einziger im Stande gewesen wäre, nur das einzige Quodlibet eines Scotus zu verstehen. (y) Und wo wäre itzt der Heide, wo wäre itzt der Ketzer, der nicht den Augenblick so vielen äuserst spitzfindigen Subtilitäten nachgeben sollte, er müßte denn so sehr vor den Kopf geschlagen seyn, daß er sie nicht verstünde, oder eine so grosse Unverschämtheit besitzen, daß er sie verlachte, oder beide Partheien müßten einander gewachsen seyn, und dann wäre es gerade so, als wenn ein Zau-

(y) So nannte Scotus ein Buch, worinn er sehr spitzfindige Fragen vorlegte.

R

berer mit einem andern Zauberer anhübe, oder wenn einer mit einem Glücksschwerdt gegen einen andern streiten sollte, der auch ein Glücksschwerdt hätte; es hätte damit die nemliche Bewandniß wie mit dem Gewebe der Penelope. (z)

(z) Penelope war, wie ihr aus Stollbergs Homer wissen werdet, wenn ihr meinen Rath befolgt habt, die Gemahlinn des Ulysses, die in seiner langen Abwesenheit von einer Menge Freiern

Meiner Meinung nach würden die Christen am klügsten thun, wenn sie statt der starken Armeen, mit welchen sie schon seit so vielen Jahren einen zweideutigen Krieg führen, die schreiichten Scotisten, die starrköpfischen Ochamisten, und die unüberwindlichen Albertisten, nebst der ganzen Schaar der Sophisten, den Türken und Saracenen auf den Hals schickten: sie sollten sehen, was das für ein schnurrichtes Gefechte geben, und was für ein unerhörter Sieg daraus entstehen würde. Denn wo wäre der Kaltblütige, der

belagert wurde, weil man ihren Gemahl für todt hielt. Sie hatte aber keine Lust, sich so aufs Ungefehr wieder zu verheirathen, und suchte ihrer dadurch los zu werden, daß sie einen Vertrag mit ihnen machte, sie sollten sich nur gedulden, bis sie ihr Gewebe fertig hätte. Da sie aber immer, was sie am Tage gewebt hatte, des Nachts wieder aufmachte, so wurde ihnen die Zeit zu lang, und sie zogen so gut als mit einem Körbchen wieder nach Hause.

nicht von den Spitzfindigkeiten dieser Leute in die Hitze gebracht würde? wo wäre der Fühllose, den solche Stachel nicht reizen sollten? wer hätte so durchdringende Augen, die sie ihm nicht mit Finsterniß überziehen könnten? Vielleicht aber glaubt ihr, ich sage das nur so im Spaße. Wenigstens wäre es kein Wunder; denn unter den Theologen selbst giebt es welche, die besser unterrichtet sind, und an dergleichen, ihrer Meinung nach, abgeschmackten Spitzfindigkeiten der Theologen einen Ekel haben. Einige sehen es als eine Art von Kirchenraub an, und halten es für die gröste Gottlosigkeit, von so geheimen, mehr anbetungswürdigen als erklärbaren Dingen, mit so ungewaschnem Munde zu reden, auf so sündliche heidnische Weise darüber zu disputiren, sie so freylerisch zu definiren, und die Majestät der göttlichen Theologie mit so abgeschmackten und garstigen Wörtern und Meinungen zu entehren. Aber das macht ihnen nichts, sie befinden sich so wohl dabei, und sind so zufrieden mit sich, daß sie sich mit diesen ihren Lieblingspossen Tag und Nacht beschäftigen, und sich nicht einmal so viel Zeit abbrechen, das Evangelium oder die Paulinischen Episteln aufzuschlagen. Und mit diesem nichtsnutzigen Geschwätz, womit sie sich in ihren Schulen brüsten, meinen sie noch die ganze Kirche zu halten, die sonst untergehen würde, wenn sie sie nicht mit ihren Syllogismen stützten. Jeder von diesen Herren dünkt sich da ein andrer Atlas zu seyn, dem die Poeten den ganzen Himmel auf seinen Schultern zu tragen geben. Ihr glaubt nicht, was das für eine Herrlichkeit ist, wenn sie die so geheimnißvolle heilige Schrift, gleich als wenn sie von Wachs

wäre, nach Belieben formen und wieder umformen; wenn sie ihre Conclusionen, denen einige Scholastiker bereits beigepflichtet, Solons Gesetzen gleich geachtet, und selbst den päbstlichen Dekreten vorgezogen haben wollen; wenn sie als Bücherrichter der ganzen Welt ein Autodafe anstellen, sobald etwas nicht mit ihren expliciten und impliciten Conclusionen in allen Stücken übereinstimmt, und gleich einem Orakel den Ausspruch thun: dieser Satz giebt Aergerniß: dieser äussert zu wenig Ehrerbietung: dieser riecht nach Kezerei: dieser lautet übel; dergestalt, daß weder Taufe noch Evangelium, weder Paulus noch Petrus, weder der heilige Hieronymus noch der heilige Augustin, ja selbst Thomas, der doch ein Erzaristoteliker ist, keinen Christen mehr machen kann, wenn nicht die Herren Baccalaureen ihre Stimme dazu gegeben haben: so groß ist der Scharfsinn, den sie in ihren Urtheilen äussern. Denn wer hätte sichs einfallen lassen, den für keinen Christen zu halten, welcher behauptete, diese beiden Redensarten, Nachttopf, du stinkst, und der Nachttopf stinkt, oder Sokrates, du läufst, und Sokrates läuft, wären vollkommen einerlei, wenn ihn diese weisen Männer nicht eines bessern belehrt hätten. (a) Wer würde die Kirche von so verfinsternden Irrthümern befreit haben, da sie kein Mensch gelesen haben würde, wenn man sie der Welt nicht mit dem grossen Universitätssiegel vor Augen gelegt hätte.

Sagt nun, sind diese Leute nicht glücklich bei ihrer Schulmonarchie? Und wenn sie vollends die Hölle, und wie es drinnen zugeht, so genau und pünktlich beschreiben, als wenn sie Jahrelang in dieser Republik gelebt hätten — wenn sie ferner ganz neue Himmel fabriciren, und zu den vorhandenen noch den größten und schönsten hinzufügen (b),

(a) Die Orforter Baccalaureen verdammten diese Redensarten völlig und öffentlich.
(b) Sie fügten nemlich zu den acht Himmelskraisen noch den neunten hinzu, den sie den Feuerhimmel nannten, und für die seligen Geister bestimmten.

damit ja keiner mangele, wo die Seelen der Seligen nach Belieben herumspazieren, mit einander schmausen und Ball spielen können — ja, dann wissen sie sich für lauter Glückseligkeit gar nicht mehr zu lassen.

Von solchen und tausenderlei dergleichen Possen ist ihr Gehirn so aufgeschwollen und vollgepfropft, daß ich zweifle, ob Jupiters Gehirn so voll war, als er bei der Geburt der Pallas, Vulkans Axt zu Hülfe rief.

Wundert euch also ja nicht, wenn ihr sie bei öffentlichen Disputationen mit so umwickelten Köpfen seht; es geschieht blos darum, daß sie nicht zerspringen. Manchmal thut mirs selber lächerlich, wenn ich so sehe, daß sie sich erst alsdenn rechte Theologen zu seyn dünken, wenn sie recht barbarische und häßliche Worte in ihren Reden auskramen, und Zeugs zusammenstottern, das kein Mensch verstehen kann, als wer auch so ein Stottermaß ist. Und das nennen sie denn Scharfsinnigkeit, weil es der Pöbel nicht begreifen kann. Denn sie sagen, es wäre wider die Würde der heiligen Schrift, wenn sie sich nach den Regeln der Grammatiker richten sollten. Welche bewundernswürdige Majestät der Theologen, so allein berechtiget zu seyn, falsch und unrichtig zu reden! obschon jeder Nachtwächter (c) auf diese Freiheit Ansprüche machen darf. Dann aber glauben sie vollends die ersten nach den Göttern zu seyn, wenn man sie mit einer Art von heiliger Ehrfurcht mit dem Titel Herr Magister noster beehrt; es liegt so ganz etwas besonders in diesem Namen, so wie ohngefehr in der Juden ihrem Jehovah. Deswegen, sagen sie, sei es auch unrecht, MAGISTER NOSTER anders als mit grossen Buchstaben zu schrei-

(c) Eine trefliche Beweisstelle, daß auch Nachtwächter unrichtig reden, findet sich in dem Wandsbecker Bothen in dem Gedicht: Der Nachtwächter und der Burgermeister:
Und zwar war das sein Methodus;
Er that das Horn aufs Maul und blus:
Das Glock hat Zehn geschlagen.

ben; und spräch einer diesen Ehrentitel verkehrt, nemlich noster Magister aus, so zerstöre er dadurch auf einmal die ganze Majestät des theologischen Namens.

Am nächsten an Glückseligkeit kommen ihnen die Ordensgeistlichen und Mönche; Namen, die ihnen beiden nicht mit dem geringsten Rechte gebühren. Denn ein guter Theil davon ist nichts weniger als geistlich; und wo man keinen Menschen weiter antrift, gehen ein paar Mönche mit einander. (d) Ich wüßte wirklich nichts elender auf der Welt als diese Art Leute, wenn ich mich ihrer nicht auf vielerlei Weise annähme. Denn ob sie gleich bei Jedermann so ausserordentlich verhaßt sind, daß man es sogar für eine üble Vorbedeutung hält, wenn einem von ohn-

(d) Mönch, auf lateinisch Monachus, und auf griechisch μοναχος, bedeutet eigentlich einen, der in der Einsamkeit lebt.

gefehr einer begegnet; so sind sie doch immer in ihrem Schöpfer vergnügt. Erstlich halten sie es für die größte Gottesfurcht, wenn sie sich aller Wissenschaften so sehr enthalten haben, daß sie selbst nicht einmal lesen können. (e) Dann meinen sie die Ohren der Heiligen mit Vergnügen und Wohlgefallen zu erfüllen, wenn sie ihre zwar abgezählten, aber nicht verstandenen Psalmen mit ihrem Eselsgeschrei in den Kirchen herpauen. Hierunter giebt es

(e) Man predigte sogar, wer griechisch lerne, werde ein Heide, und wer ebräisch lerne, werde ein leibhaftiger Jude.

denn welche, die ihre Sauerei und Bettelei noch für etwas grosses anrechnen, und vor den Thüren mit grossem Gebrülle herumlaufen, und Brod fordern, ja so gar in Wirthshäusern, auf Postwägen, und in Schiffen den Leuten keine Ruhe lassen, und dadurch den übrigen Bettlern gewaltigen Schaden thun.

Und diese artigen Leute wollen denn, wie sie sagen, mit aller ihrer Sauerei, Unwissenheit, Grobheit und Unverschämtheit uns statt der Apostel seyn. Das Lustigste aber ist, daß sie alles so regelmäßig thun, als müßte es nach dem Zirkel abgemessen seyn; und diese Regeln zu überschreiten halten sie für eine Todsünde. Sie wissen es auf ein Haar anzugeben, wie viel Knoten am Schuh seyn müssen; von was für Farbe der Gurt, und wie verschieden die Farbe des Kleides seyn müsse; aus was für Materie und wie breit der Gürtel seyn müsse; wie die Kutte gestaltet seyn solle, und wie viel Maaß hinein gehen müssen; wie viel Finger breit die Klatze seyn müsse; wie viel Stunden einer schlafen dürfe. — Aber wer sieht nicht, wie unangemessen diese Gleichförmigkeit in Rücksicht auf den Unterschied der Körper und der Sinnesarten ist? Und dennoch schätzen sie bei ihren Possen nicht nur Andere gering, sondern sie verachten sich auch unter einander selbst; und ob sie schon die

Apostolische Liebe auszuüben geloben, so machen sie doch gleichwol einen gewaltigen Lermen, wenn nur der eine sein Ordenskleid etwas anders gürtet, oder ein anderer eine Kutte von etwas dunklerer Farbe trägt. Unter diesen sieht man denn einige, die in ihren Pflichten so streng sind, daß sie von aussen wol ein härnes, drunter aber ein weiches Kleid tragen (f); andere hingegen tragen das leinene Kleid auswendig, und das wollene innwendig. Noch Andre scheuen sich vor der Berührung des Geldes wie vor dem giftigsten Kraute; vor dem Wein aber, und vor der Berührung der Weibspersonen scheuen sie sich so sehr eben nicht. Übrigens ist es erstaunlich, wie all ihr Bemühen dahin abzielt, daß sie in ihrer Lebensart nichts mit ein-

(f) Dieses ist die Tracht der Cluniacenser.

273

einander gemein haben. Ihre Sorge ist nicht, wie sie Christo gleich werden, sondern vielmehr wie sie sich unter einander ungleich seyn mögen.

Ein grosser Theil ihrer Glückseligkeit besteht in den Beinamen, die sie sich geben. Einige wollen Strikträger (g) heissen, und diese theilen sich wieder ein in Coleten, Minoriten, Minimiten und Bullisten. Andere nen-

(g) Wie die Barfüsser, welche die Franzosen Cordeliers nennen.

S

nen sich Benediktiner, Bernardiner, Brigitenser, Augustiner, Wilhelmiten, Jacobiten; gleich als wenn ihnen der Name Christen zu gering wäre.

Die Meisten unter ihnen steifen sich einzig und allein auf ihre Ceremonien und Menschensatzungen; und meinen noch dabei, ein einziger Himmel sei für so grosse Verdienstlichkeiten eben keine allzu anständige Belohnung: sie denken aber nicht, daß Christus einmal alles dieses nicht achten, sondern sein Gebot von ihnen fordern werde, das Gebot der Liebe. Da wird denn der eine seinen dicken, von allerlei Arten von Fischen aufgedunsenen Wanst aufweisen. Ein Anderer wird ein hundert Scheffel Psalmen ausleeren. Ein Dritter wird eine Menge Fasttäge herzählen, und sich beschweren, daß ihm fast bei jeder Mahlzeit der Bauch geborsten. Ein Vierter wird einen so grossen Haufen von Ceremonien angeschleppt bringen, als man kaum auf einem halben Duzet Lastschiffen fortschaffen könnte. Ein Fünfter wird sich rühmen, sechzig Jahre lang keinen Heller Geld angerührt zu haben, wenn er nicht doppelte Handschue angehabt. Ein Sechster wird seine schmutzige und grobe Kutte mitbringen, die nicht einmal ein Ma-

trose an seinem Leibe leiden würde. Ein
Siebenter wird sagen, er habe über funfzig
Jahre lang ein Leben wie ein Schwamm geführt, und sei immer an einerlei Ort ange-
klammert gewesen. Ein Achter wird seine von
vielem Singen heischer gewordene Stimme
erkrächzen lassen. Ein Neunter wird seine
Schlafsucht aufs Tapet bringen, die er sich
durch seine beständige Einsamkeit zugezogen.
Ein Zehnter wird seine vom Gelübde des
Stillschweigens gelähmte Zunge herausstre-
cken. — Aber Christus wird ihrer Ruhmre-
digkeit, die sonst nicht aufhören würde, ein
Ende machen. Woher dieß neue Judenge-
schlecht? wird er sagen, ich erkenne nur ein
einziges Gesetz für das Meinige, und von
dem allein höre ich nichts. Ich habe vorzeiten öffentlich und ohne Gleichnisse das väter-
liche Erbtheil keinen Kutten, keinen Pater

nostern und Rosenkränzen, keinem Hungern und Fasten verheissen, sondern Liebeswerken hab' ichs verheissen. Auch die erkenne ich nicht, die ihre Werke selbst zu sehr erkennen; und diejenigen, die noch heiliger scheinen wollen als ich bin, mögen meinethalben in die Himmel der Abraxasianer (h) wandern, oder sich einen neuen von ihnen bauen lassen, sie, die ja ohnedieß ihre Lehren meinen Geboten vorgezogen haben. Wann sie das hören und endlich gar sehen werden, daß man ihnen Schiffer und Fuhrleute vorzieht; was meint ihr wol, was sie dann für Augen gegen einander machen werden? — Indessen sind sie glücklich in Hoffnung, und sind es durch mich.

(h) Diese waren die Nachfolger des Ketzers Basilides, und haben ihren Namen vom griechischen Wort αβραξας, worunter er Gott verstund; wenn man dieses Wort Buchstaben für Buchstaben zusammen addirt, so kömmt die Zahl 365 heraus; und so viel Himmel nahm er denn auch an.

Und diese Leute, die denn ganz vom gemeinen Wesen getrennt sind, untersteht sich dem ungeachtet Niemand zu verachten, besonders die Bettelmönche, und dieß aus der Ursache, weil sie fast alle Geheimnisse von den Leuten wissen, die sie ihnen in der Beichte, wie sie's nennen, vertraut haben. Zwar halten sie es für Unrecht dieselben auszuplaudern; wenn sie aber ein Glas Wein zu viel getrunken haben, und sich einander mit lustigen Geschichtchen die Zeit vertreiben wollen, so erzählen sie denn nur die Sachen, mit Verschweigung der Namen. Reizt aber Jemand diese Wespen, so wissen sie sich in ihren Predigten an das gemeine Volk nach Herzenslust zu rächen; sie schildern ihren Feind so hämisch, und so verblümt, daß es Jedermann versteht, wen Sie meinen, außer wer so ein Dummkopf ist, daß er ganz und gar nichts versteht.

Und eher hören sie nicht auf zu bellen, als bis man ihnen den Rachen mit einem Knochen stopft.

aber sagt mir nun, wolltet ihr wol lieber einen Comödianten oder einen Quacksalber sehen, als diese Leute, wenn sie in ihren Predigten solches lächerliches Zeug herperoriren, und was Redner von der Kunst zu

reden geschrieben haben, so allerliebst nachzuäffen suchen? Ei hilf ewiger Gott! was sind das für Geberden, was ist das für ein Deklamiren, was für ein Gesang! wie springen sie nicht auf der Kanzel herum! was machen sie da für Gesichter! wie ertönt das Gewölbe von ihrem Geschrei! Und diese Kunst zu predigen lehrt ein Bruder den andern als ein grosses Geheimniß.

Es ist mir zwar nicht erlaubt sie zu wissen, aber ich wollte sie doch wol durch Muthmassungen herausbringen. Erstlich rufen sie gleich Gott oder einen Heiligen an; eine Kunst, die sie den Dichtern abgelernt haben. Zweitens, wenn sie, zum Beispiel, von der christlichen Liebe reden wollen, nehmen sie den Eingang vom Egyptischen Flusse Nil her; oder wollen sie von dem Geheimnisse des Kreuzes handeln, so fangen sie, auf eine sehr schickliche Art vom babylonischen Drachen Bel an: haben sie sich vorgenommen von der Fasten zu reden, so machen sie den Anfang mit den zwölf Zeichen des Thierkreises: wollen sie vom Glauben predigen, so wählen sie vorher eine lange Abhandlung von der Quadratur des Zirkels zur Einleitung. Ich selbst habe so einen grossen Narren — nicht doch, Gelehrten, wollt' ich sagen — gehört, der vor einer grossen Versammlung das Geheimniß der göttlichen Dreieinigkeit erklären wollte, und um seine nicht gemeine Gelehrsamkeit zu zeigen, und den theologischen Ohren ein Vergnügen zu machen, zum Eingang seiner Predigt eine ganz neue Bahn brach; er sieng nemlich zuerst an von den Buchstaben, von den Silben, und von den Wörtern zu reden; alsdenn von der Uibereinstimmung eines Rennworts und eines Zeitworts, eines Bei-

worts und eines Hauptworts: worüber sich
denn auch viele wunderten, und einige die
Stelle aus dem Horaz vor sich hin brummten:

Wozu nützt solch thöricht Geplaudre?
Endlich lenkte er die Sache so ein, daß er
zeigte, es sei in den Anfangsgründen der Gram=
matiker das Bild der Dreieinigkeit so deut=
lich ausgedrückt, daß es kein Mathematiker
besser und deutlicher vor Augen legen könnte.
Und über diese Rede hatte dißer Erztheolog
acht Monathe lang so anhaltend gebrütet,
daß er nunmehr so blind ist wie ein Maul=
wurf; denn er hatte die ganze Schärfe sei=
ner Augen zum Spieß seines Witzes aufge=
boten. Es reut ihn aber drum nicht, daß
er blind drüber geworden, sondern er glaubt
noch diesen Ruhm wohlfeil genug erkauft zu
haben. — Ich habe auch noch einen Andern
und zwar achtzigjährigen Greis gehört, der

so sehr Theolog war, daß man hätte meinen sollen, Scotus sei wieder auferstanden. Dieser wollte das Geheimniß des Namens Jesu auslegen, und bewies mit einer bewundernswürdigen Subtilität, daß in diesen Buchstaben alles verborgen sei, was nur von ihm gesagt werden könne. Denn daß er durch drei Abfälle geändert werde, sei ein augenscheinliches Bild der göttlichen Dreieinigkeit. Und darinn, daß sich das Wort Jesus im ersten Abfall in s, im zweiten, Jesum, in m, und im dritten, Jesu, in u endige, liege ein unaussprechliches Geheimniß verborgen; denn diese drei Buchstaben zeigten an, daß er der höchste, der mittelste und der niedrigste sei! (i) Ausser diesen lag noch ein andres Geheimniß drinn, welches noch viel verstekter war als dieses, und zwar in mathemati-

(i) Summus, medius, ultimus.

scher Hinsicht. Er schnitt am Wort Jesus zwo gleiche Portionen ab, vornen eine, und hinten eine, da blieb aber der mittelste Buchstabe s alleine stehen. Nun lehrte er, dieser Buchstabe sei das ש der Hebräer, welches sie syn nennen; ferner das Wort syn heisse, in der Sprache der Schotten denk' ich, so viel als Sünde: und nun war es ausgemacht, daß darunter verstanden würde, Jesus sei der, welcher der Welt Sünde trüge.

Uiber diese so neue Eingangsrede sperrte Jedermann Maul und Nase auf, und konnte sich nicht genug darüber verwundern, insonderheit die Theologen; ja es fehlte wenig, daß ihnen nicht das Nemliche widerfuhr, was vorzeiten der Niobe begegnete (k); mir hin-

(k) Niobe war die Gemahlinn des Amphions, Königs von Theben. Sie hatte 7 Söhne und 7 Töchter mit ihm gezeugt, und wurde darüber so stolz, daß sie sich nicht nur der Latona, der

gegen giengs fast wie jenem armseligen Priapus, der zu seinem größten Unglück den nächtlichen Beschwörungen der Canidia und Sagana zugesehen hatte. (1)

Es nahm mich gar nicht Wunder, daß dieß bei den Zuhörern so vieles Aufsehn machte. Denn wenn hat jemals Demosthenes, der Grieche, oder Cicero, der Lateiner, die Gemüther auf eine so besondere Art einzunehmen gewußt? Sie hielten es für sehr fehlerhaft,

Mutter des Apolls und der Diana, vorzog, sondern ihr auch im ganzen Königreiche zu opfern verbot. Latona beschwerte sich deswegen bey ihren Kindern, welche ihre Mutter dadurch rächten, daß sie ihr alle Kinder umbrachten, Apollo die Söhne auf der Jagd, und Diana die Töchter auf dem Schlosse zu Theben. Niobe ward darüber so rasend, daß sie den Göttern fluchte; aber sie ward dafür in eine steinerne Statue verwandelt.

(1) Horaz erzehlt in der achten Satire des ersten Buchs, Priapus habe die nächtlichen Beschwörungen dieser beiden Zauberinnen mit angehört, und sei darüber für Schrecken geborsten.

etwas, das so weit von der Hauptsache entfernt wäre, zum Eingang zu wählen: gleich als wenn es die Schweinhirten nicht gerade so machten, die blos die Natur zur Lehrmeisterinn haben. Aber diese gelehrten Herren meinen, ihre Einleitung sei alsdenn erst recht rhetorisch, wenn sie mit dem ganzen Vortrag nirgends zusammenhienge; so daß der Zuhörer indessen mit Bewunderung zuhöre, und sich heimlich in den Bart brummet: wo mag er doch endlich hinaus wollen?—

Drittens, erklären sie, stätt der Erzählung, etwas aus dem Evangelium, aber nur so oben hin und ganz kurz, da sie sich doch hierbei einzig und allein hätten aufhalten sollen. Viertens werfen sie, unter einer ganz neu angenommenen Gestalt, eine theologische Frage auf, die sich eben so gut hierhier schickt, als der Esel zum Meßlesen; und da meinen

sie noch), Wunder wie schön das dazu paßt!
Dann aber machen sie erst ein recht theologisches Gesicht, wenn sie von ihren Lehrern
zu reden anfangen, und mit den wunderlichen Ehrennamen, die sie ihnen beilegen, den
Zuhörern die Ohren voll schreien. Und wie
prahlen sie nicht gegen den unwissenden Pöbel mit ihren Syllogismen, Majoren, Minoren, Conclusionen, Corollarien, und wie
das abgeschmackte scholastische Zeug alles heißt.

Nun ist noch der fünfte Akt übrig, in dem
sie sich eigentlich als grosse Meister in der
Kunst zeigen sollten. Da, bild' ich mir ein,
bringen sie denn ein närrisches und einfältiges Mährchen aus dem Geschichtsspiegel,
und den Helden- und Staatsaktionen der
Römer aufs Tapet, und erklären es fein
allegorisch, tropologisch und anagogisch.
Und auf diese Art fertigen sie sie ab ihre

Chimäre

Chimäre (m), die selbst Horaz nicht drollich=
ter hätte zusammen setzen können. (n)

Aber ich weiß nicht von wem sie gehört
haben, der Eingang einer Rede müsse ganz
ruhig, und keineswegs mit Geschrei anheben.
Sie fangen demnach so leise an, daß sie selbst
ihre eignen Worte nicht hören; gleich als

(m) Die Chimäre war ein Ungeheuer göttlichen Ge=
schlechts, die eigentlich von vornen Löwe, in der
Mitte Ziege, und hinten Drache war.
(n) Eine Anspielung auf den Anfang seiner Dicht=
kunst: Wenn Jemand einem Pferdehals einen
Menschenkopf ansetzen wollte, u. s. w.

T

wenn das Reden etwas nützte, wenn es Niemand versteht. Dann haben sie wieder gehört, um die Zuhörer in Affekt zu bringen, müsse man bisweilen Ausrufungen anbringen. Wenn sie also eine Weile so leise gesprochen, daß sie kaum die Lippen bewegt haben, so erheben sie die Stimme auf einmal mit einem ganz unsinnigen Geschrei, wenn es auch gar nicht einmal nöthig ist. Man sollte warrlich schwören, die Kerls wären unsinnig; sie schreien einmal hergebrachtermaßen, und nun ist es ihnen einerlei, bei welcher Gelegenheit sie schreien. Weil sie ferner gehört haben, eine Rede müsse nach und nach lebhafter und feuriger werden, so sagen sie den Anfang jedes Theils noch schlecht genug her; alsdenn aber fangen sie bisweilen an aus Leibeskräften zu schreien, wenn gleich der Innhalt ihres Geschreis höchst unbedeutend und abgeschmackt ist; und hierauf verliert sich ihre Stimme wieder so ins Matte, daß man glauben sollte, der Athem wolle ihnen ausgehen. Endlich haben sie erfahren, man finde bei den Rednern, wie man ein Gelächter erregen solle; und da geben sie sich denn alle ersinnliche Mühe, auch ein paar spashafte Einfälle mit anzubringen: aber du liebe Venus! was die artig sind! wie passend die angebracht sind! Schicken sie sich oft nicht eben so gut dazu, wie der Esel zum Harfenspielen? (o)

(o) Recensent: Harfenspielen? Weis der Herr

Bisweilen beissen sie auch, doch so, daß sie damit mehr kützeln als verwunden. Nie aber sind sie grössere Fuchsschwänzer, als wenn sie sich das Ansehn zu geben trachten, recht freimüthig zu reden. Uibrigens ist ihre ganze Stellung und Geberdensprache so beschaffen, daß man schwören sollte, sie hätten sie den Marktschreiern abgelernt, ungeachtet sie diesen noch weit nachstehen. Indessen sind sie sich einander so ähnlich, daß schwerlich Jemand klar und deutlich vor Augen legen könnte, welche Parthei sie von der andern gelernt habe. Und doch finden auch diese, durch mein Schalten und Walten, ihre Leute,

nicht, daß das Sprüchwort heißt: Wie der Esel zum Lautenschlagen?

Ich: Räsornir' er mir doch nicht Herr Recensent so mit halben Augen. Hab' ich denn den Leuten weis machen sollen, Holbeins Harfe sei eine Laute?

Recensent: Ja so, darauf hab' ich nicht gesehen.

die ihnen zuhören, und lauter Demosthenesse und Ciceronen in ihnen zu hören meinen.

Unter diese Anzahl gehören vorzüglich die Kaufleute und die Frauenzimmerchen, deren Ohren sie einzig und allein zu gefallen sich bestreben, weil ihnen bisweilen von ihrer Beute oder ihrem unrechtmäßiger Weise erworbenen Gute auch ein Portiönchen abfällt, wenn sie sie vorher brav mit Schmeicheleien gekitzelt haben. Die Frauenzimmer sind diesem Orden noch um gar vieler anderer Ursachen willen gewogen, insonderheit aber deswegen, weil sie alles in dieser ihrem Busen ausschütten können, was sie wider ihre Männer haben.

Ich hoffe, ihr sollt nun einsehen, wie viel Verbindlichkeiten diese Art Leute gegen mich haben; denn sie üben mit ihren Ceremonien und läppischen Possen, und mit ihrem Zahn-

brechergeschrei eine wahre Tirannei unter den
Menschen aus, und lassen sich wol gar einfallen, sie seien Paulusse und Antoniusse. (p)

Doch ich verlasse diese undankbaren Possen-
reiser, die meine Wohlthaten verheimlichen,
und sich das Ansehn gottesfürchtiger Männer
geben, mit Vergnügen. Ich habe ohnedieß
schon längst Lust gehabt, von Regenten und
Hofleuten, die mich mit wahrer Aufrichtigkeit verehren, wie auch billigermassen von den
Edelleuten etwas frei und offenherzig zu reden.
Hätten diese Herren und Leute nur ein Quentchen gesunde Vernunft, was wäre trauriger
und hassenswürdiger als ihr Leben? Denn
wer bei sich überlegt, was für eine schwere
Last der auf seinen Schultern hat, welcher
einen guten Fürsten vorstellen will, dem wird

(p) Antonius war ein sehr beliebter Prediger, und
wurde vom Pabst Gregorius den Zehnten kano-
nisiret.

es gewiß unmöglich seyn, sich eine Vorstellung davon zu machen, wie man sich durch Meineid und Mord einen Weg zum Throne bahnen könne; zumal wenn er alle die Pflichten erwägt, welche damit verbunden sind; wenn er bedenkt, daß derjenige, welcher das Ruder der Regierung über sich nimmt, ein öffentliches und kein Privatgeschäfte verwalte, und also einzig und allein auf den allgemeinen Vortheil sehen müsse; daß er von den Gesetzen, die er selbst gegeben, und gehalten wissen will, keinen Finger breit abweichen dürfe; daß er selbst durch sein Beispiel und durch seine Vorsicht über die Rechtschaffenheit seiner Beamten und Richterstühle wachen müsse; daß auf ihn allein Aller Augen gerichtet seien, und daß er, wenn er ein guter Fürst ist, als ein heilbringendes Gestirn, welches dem menschlichen Geschlecht zur Wohlfahrt gereichen könne, wenn er aber kein guter Regent iſt, als ein Verderben nach ſich ziehender Komet angeſehen würde; daß die Fehler eines Fürſten weit leichter wahrgenommen, und weit geſchwinder umher bekannt werden, als andrer Leute Fehler; daß ein Fürſt an ſo einem Platze ſitze, daß wenn er ſich nur im geringſten von der guten Lebensart entfernt, dieſe Peſt des menſchlichen Lebens unter ſeinen Unterthanen immer mehr und mehr überhand nimmt; daß übrigens Fürſten wegen der glänzenden Lage, worinn ſie ſich befinden, beſtändig im Fall ſeien, den rechten Weg zu verfehlen, weil alle die mannigfaltigen Arten von Ergötzlichkeiten, die Freiheit nach ihren Neigungen zu handeln wie ſie wollen, die vielen Schmeicheleien womit ſie überhäuft werden, die Pracht von der ſie ſich umringt ſehen — kurz weil ſich alles wider ſie zu dieſem Betrieb vereiniget; und daß sie folglich desto sorgfältiger sich bestreben, desto wachsamer seyn müssen, sich von Nichts irre führen zu lassen, und keinen Schritt breit von ihrer Pflicht zu weichen; endlich, daß aller Nachstellungen, alles Hasses, aller übrigen damit verbundenen Gefahren, und aller dabei sich einschleichenden Furcht zu geschweigen, jener wahre König über seinem Haupte schwebe, welcher bald drauf, auch über den geringsten Fehltritt, Rechenschaft von ihm fordern werde. — Wenn, sag' ich, ein Fürst alles dieses und noch weit mehrere Dinge bei sich überlegte — und das würde er können, wenn er kein Narr wäre — so würde er, sollt' ich meinen, weder ruhig schlafen, noch vergnügt essen können. Aber von mir begünstiget, überlassen sie alle diese Sorgen den Göttern, pflegen sich und ihrer Lüste, und hören keinen Men-

schen an, als wer ihnen etwas angenehmes
zu sagen weiß, damit ja in ihrem Gehirne
kein Wölkchen von Verdrießlichkeit aufsteige.
Sie glauben alles wacker gethan zu haben,
was einem Fürsten zukomme, wenn sie nur
brav jagen, einen Stall voll schöner Pferde
unterhalten, obrigkeitliche Aemter und andre
ansehnliche Bedienungen zum Vortheile ihres
Beutels verkaufen, und täglich neue Mittel
ausdenken, das Vermögen ihrer Unterthanen zu schmälern, und es ihrer Schatzkam-
mer zuzuschanzen. Aber die Art und Weise
wie sie es thun, ist so artig, und der Vorwand, weswegen sie es thun, klingt so un-
eigennützig, daß wenn auch ihr Verfahren
noch so ungerecht wäre, es doch immer
einen Schein von Billigkeit hat. Uiberdieß
lassen sie sich etwa gar noch einige Schmeicheleien drüber sagen, um dadurch die Ge-

müther des Pöbels einiger maſſen zu gewinnen.

Stellt euch nun einmal einen ſolchen Menſchen vor — und dergleichen giebt es ſo bisweilen — der ſich um keine Geſetze bekümmert, der ein Feind des allgemeinen Vortheils iſt, der blos auf ſeinen Privatnutzen ſieht, der ſich einzig und allein ſeinen Begierden und Lüſten überläßt, der die Wiſſenſchaften haßt, der Freiheit und Wahrheit haßt, der auf nichts weniger als auf die Wohlfahrt des Staats bedacht iſt, ſondern Alles nach ſeinen Begierden, Alles nach ſeinem Vortheil abmißt. Und an dieſem Menſchen denkt euch dann eine goldene Kette hinzu, die den Inbegriff aller verſchwiſterten Tugenden anzeigt; ferner eine mit Edelgeſteinen beſetzte Krone, die er deswegen trägt, damit ſie ihn immer erinnere, daß er an heroiſchen Tugenden allen

Andern vorglänzen müsse; überdieß ein Zepter, das Sinnbild der Gerechtigkeit und einer ganz unverdorbenen Seele; und endlich den Purpur, das Kennzeichen der Vaterlands-

liebe. — Ja gewiß wenn ein Fürst diesen bedeutenden Schmuck mit seinem Leben verglyche, ich glaube, er würde sich schämen ihn zu tragen, und immer in der Besorgniß stehen, ein naseweiser Kerl möchte diesen so erhabenen Aufzug bespötteln und bespasvogeln.

Und was soll ich nun von den Hofleuten sagen, die als die vornehmsten aller Geschöpfe angesehen seyn wollen, da doch in der Welt nichts sklavischer, nichts alberner, nichts niederträchtiger gefunden werden kann, als die meisten unter ihnen sind. Doch in diesem einzigen Stück sind sie ausserordentlich bescheiden, daß sie sich blos damit begnügen, Gold,

Edelgesteine, Purpur und andere Kennzeichen der Tugend und Weisheit um sich herum zu hängen, und die Bemühung, diese Eigenschaften zu erlangen, Andern überlassen. Wie glücklich preisen sie sich nicht, daß sie einen König ihren gnädigen Herrn nennen dürfen, und bisweilen mit den artigen Titeln Ew. Majestät, Ew. Durchlaucht, Ew. Hochfürstliche Gnaden um sich herum werfen können; daß sie sich so herrlich zu putzen wissen, und so treflich aufs Schmeicheln verstehen. Denn das sind Künste, die einen wahren Edelmann und Hofmann nicht wenig zieren. Untersucht man ihre ganze Lebensart genauer, so sieht man bald, daß sie wahre Phäaker (q) und gerade solche Schmarotzer sind, wie Penelopens Freier waren. Die übrige Schil-

(q) Diese Nation, welche die Insel Corcyre bewohnte, war sehr üppig, und wird übrigens vom Homer als sehr roh und dumm geschildert.

berung von ihnen wißt ihr (r) und Echo
wird euch das besser erzählen können, als
ich. Gewönlich schlafen sie bis in den halben Tag hinein, und wenn sie erwachen,
steht schon ein Lohnpfaff am Bette bereit,
ihnen beim Aufstehen über Hals und Kopf
eine Messe zu lesen. Alsdenn gehen sie zum
Frühstück, und kaum haben sie selbiges eingenommen, so geht man schon wieder an
Tafel. Nach der Mahlzeit wird entweder
Schach, oder sonst etwas im Brete, oder
Lotterie gespielt; oder man belustigt sich mit
Taschenspielern, Hofnarren, Mätressen, oder
es giebt andern dergleichen Zeitvertreib und
Kurzweil. Indessen giebt es wieder etwas
zu essen und zu trinken. Nachher rückt die
Abendmahlzeit heran, und hinter drein giebt

(r) Aus Horazens zwoter Epistel im ersten Buche,
wo er die Freier der Penelope schildert, mit welchen er die Hofleute vergleicht.

es auch wol noch ein paar Collationen. Und so verfliessen ihnen, ohne eines solchen Lebens überdrüssig zu werden, Stunden, Tage, Monathe, Jahre, und selbst Jahrhunderte, wenn sie sie erlebten. Es kömmt mir bisweilen beim Heimgehen selbst vor, als wäre ich dicker und fetter geworden, wenn ich sie einmal habe groß thun sehen. Denn je grösser der Schweif ist, den eine Hofnymphe nachschleppt, desto näher dünkt sie sich den Göttinnen; je mehr ein Hofschranze mit seinem unterstemmten Arme sich herumdrehen und Andere mit dem Ellenbogen in die Seite stossen kann, desto näher dünkt er sich seinem Jupiter; je schwerer die Kette ist, die einer am Halse trägt, desto mehr bildet er sich ein, und das nicht blos um seiner Schäze, sondern auch um seiner Stärke willen.

Schon seit langer Zeit eifern dieser Lebensart der Fürsten, die Päbste, Kardinäle und Bischöffe nicht nur sehr wacker nach, sondern sie übertreffen sie beinahe darinn. Wenn so Jemand nachdenkt, warum sie ein schneeweißes leinenes Gewand tragen; was die mit zwei Hörnern versehene Bischoffsmütze, deren

u

beide Enden mit einem Knoten zusammen geknüpft sind, bedeuten solle; warum sie Handschue tragen; was der Hirtenstab und das vor ihnen her getragene Kreuz zur Absicht habe — und man denn weiß, daß sie ein beständig unsträfliches Leben; eine vollkommne Kenntniß des alten und neuen Testaments; eine treue und von aller menschlichen Unreinigkeit gereinigte Verwaltung der Sakramente; eine wachsame Sorgfalt für die anvertraute Heerde; eine wahre Kreuzigung des Fleisches, samt den Lüsten und Begierden anzeigen sollen. Wer das so weiß und überlegt, sollte dem nicht so ein Leben höchst traurig und freudelos vorkommen? Mais craignez rien — laßt euch das nicht kümmern; sie wissen es gar herrlich einzurichten. Sie weiden und pflegen sich, und die Sorgfalt für ihre Schaafe überlassen sie entweder dem

Herrn Christus selbst, oder sie vertrauen sie Miethlingen an, die sie Brüder nennen, oder sie übergeben sie ihren Vikarien. Ihres Namens sind sie völlig uneingedenk, und achten nicht auf seine Bedeutung, die ihnen Fleis, Mühe und Sorgfalt auflegt. Haben sie aber brav Geld einzunehmen, dann betragen sie sich recht bischöflich, und haben Augen an allen Orten und Enden.

Wenn sich die Kardinäle einbilden an die Stelle der Apostel getreten zu seyn, so sollten sie auch bedenken, daß eben das von ihnen gefordert werde, was jene gethan haben. Dann sollten sie bedenken, daß sie nicht Herren, sondern nur Verwalter der geistlichen Güter sind, von welchen sie vielleicht in kurzem eine genaue Rechenschaft ablegen müssen. Ja, wenn sie nur ein wenig über ihre Kleidung philosophiren wollten, und bei sich über-

legten: was bedeutet wol die weiße Farbe meines Kleides? bedeutet sie nicht ein ganz unbeflecktes und reines Leben? — was bedeutet innwendig dieser Purpur? bedeutet er nicht eine brennende Liebe zu Gott? — was bedeutet dieses purpurfarbene Gewand auswendig, welches so weit ist, daß es die Mauleselinn Seiner Eminenz mit bedeckt, ja selbst ein ganzes Kameel zu bedecken hinreichend wäre? bedeutet es nicht eine sich weit erstreckende Liebe, Allen und Jeden beizustehen, das heißt, zu lehren, zu vermahnen, zu strafen, zu erinnern, Frieden zu stiften, ruchlosen Regenten zu widerstehen, und nicht nur ihr Vermögen, sondern auch ihr Blut für die christliche Heerde aufzuopfern: denn Reichthum sollen ja die ohnedieß nicht haben, die der armen Apostel ihre Stelle vertreten wollen. Wenn sie alles das bedächten, sag' ich, sie würden gewiß nicht nach dieser Würde streben, sondern sie gern aufgeben, und weit lieber ein arbeitsames und sorgenvolles Leben führen, wie die alten Apostel geführt haben.

Die Päbste behaupten die heilige Würde, Christi Statthalter zu seyn. Wollten sie nun ihr Leben ganz nach dem seinigen einrichten, seiner Lehre gemäß leben, ihr Kreuz auf sich nehmen, und ihm in Armuth, Mühseligkeit, und Verachtung dieses Lebens nachfolgen: bedächten sie, daß der Name Pabst einen Vater bedeute, und überlegten sie, wie viel der Titel Seine Heiligkeit sagen wollte — könnten sie sich wol etwas erbärmlichers in der Welt denken, als Pabst seyn? Und wer möchte alsdenn diesen Posten um sein ganzes Vermögen erkaufen, und wenn er ihn erkauft hätte, mit Gift und Schwerdt und aller möglichen Gewalt zu behaupten suchen? Wiel viel Vortheile würden diese Leute verlieren, wenn

sie einmal die Weisheit anwandeln sollte?
Die Weisheit sagt' ich? — O nur ein Körn-

chen von dem Salze, deſſen Chriſtus Erwähnung thut. Um wie viel Reichthümer, um wie viel Ehre, um wie viel Land, um wie viel Siege, um wie viel Aemter, um wie viel Vorrechte, um wie viel Zölle, um wie viel Ablaßeinnahmen, um wie viel Pferde, um wie viel Mauleſel, um wie viel Trabanten, um wie viel Luſtbarkeiten würde ſie das nicht bringen! Ihr ſeht was für einen groſſen Jahrmarkt, was für eine reiche Meſſe, was für ein Meer von Gütern und Glückſeligkeit ich hier in wenig Worten zuſammenfaſſe. An deſſen Statt hingegen würde ſich Weinen, Wachen, Faſten, Beten, Predigen, Studieren, Seufzen, und tauſenderlei dergleichen Arten von Elend einſtellen. Auch das muß man nicht unerwägt laſſen, daß alsdenn ſo viel Skribenten, ſo viel Kopiſten, ſo viel Notarien, ſo viel Advokaten, ſo viel Patrone,

so viel Sekretäre, so viel Maulefeltreiber, so
viel Pferdknechte, so viel Wechsler, so viel
Kuppler — bald hätte ich noch einen wei-
cheren Namen hinzugefügt, wenn ich nicht
fürchtete, er möchte manchen Ohren zu hart
klingen — kurz, daß eine ungeheure Menge
von Menschen, die dem Römischen Stuhle
zur Last fällt — nicht doch, ich versprach
mich schon wieder, Ehre macht, wollt' ich
sagen — dem Hunger alsdenn bloß gestellt
seyn würde. Das wäre nun aber eine un-
menschliche und himmelschreiende That; doch
noch weit abscheulicher wäre es, wenn selbst
die vornehmsten Häupter der Kirche, und
die wahren Lichter der Welt in einen solchen
Zustand versetzt werden sollten, daß sie genöthiget wären den Ranzen anzuhängen, und
zum Bettelstab ihre Zuflucht zu nehmen. Aber
so, wie es ist, geht es gar nicht übel für sie;

was etwa zu thun ist, das überlassen sie denen Herren Paulus und Petrus; das Ansehn und den Genuß von ihrem Amte behalten sie aber für sich.

Und so bin ich abermals Ursache, daß fast kein Stand unter den Sterblichen ein reizenderes und sorgenloseres Leben führt, als sie, die Christo vollkommen Gnüge geleistet zu haben meinen, wenn sie sich durch ihren bedeutenden Ornat, durch ihre Ceremonien, durch die Titel Jhro Seligkeit, Jhro Hochwürden, Jhro Heiligkeit, und durch Segnen und Fluchen als ächte Bischöffe erwiesen haben. Wunder thun ist altväterisch und nicht mehr Mode, und würde sich auch für die itzigen Zeiten gar nicht schicken; das Volk lehren, ist zu beschwerlich; die heilige Schrift erklären, ist Schulfüchserei; Beten? — ja, wenn man sonst nichts zu thun hätte! Thränen vergiessen, ist etwas erbärmliches und zu weibisch; in Armuth leben — pfui doch! sich übertreffen und besiegen lassen — ja! das wäre etwas schönes! das schickte sich für den, der kaum die größten Könige seine heiligen Füsse zu küssen würdiget! — sterben endlich, das ist nun auch nicht das Allerangenehmste; und sich vollends gar ans Kreuz schlagen lassen — ei! das wäre ja völlig unehrlich gemacht! —

Es bleiben ihnen also nur noch die einzigen Waffen und süssen Segensformeln übrig, welche Paulus erwähnt (s), und womit sie sehr gnädig und freigebig sind; nemlich die angemaßte Gewalt in die Acht zu erklären, von Thron und Amt zu entsezen, Busse und Strafen aufzulegen, den Fluch zu geben,

(s) Im 16 Kap. der Epistel an die Römer, im 18 Verse: Durch süsse Worte und prächtige Reden verführen sie die unschuldigen Herzen.

fürchterliche Strafgemälde auszustellen (t), und endlich jener schröckliche Bannstrahl, womit sie auf einen einzigen Wink die Seelen der Sterblichen noch unter die Hölle hinunter zu stürzen vermögen.

Es schleudern ihn aber die allerheiligsten Väter in Christo und Statthalter seines Reichs, auf Niemanden grausender herab,

(t) Eine Anspielung auf ein Gemälde in Rom, welches den erschröcklichen Zustand eines Exkommu-

als auf diejenigen, welche auf Anreizung des Teufels u), an dem Erbtheil Petri zu beissen und zu nagen trachten. Ob nun aber gleich im Evangelium steht: wir haben alles verlassen und sind dir nachgefolgt; so verstehen sie doch unter dem Erbtheil Petri Land und Städte, Zölle, Gebühren und Herrschaften. Und für diese streiten sie, von dem Eifer Christi entflammt, mit Feuer und Schwerdt, daß oft Christenblut die Menge dabei vergossen wird; und dann meinen sie noch die Braut Christi, nemlich die Kirche, recht apostolisch vertheidiget zu haben, wenn sie die Feinde, wie sie sich auszudrücken pflegen, tapfer zu Boden geschlagen. Könnte aber wol die Kirche schädlichere Feinde haben, als solche gottlose Päbste, die durch ihr Still-

nicirten vorstellt, und wovon Holbein hier eine kleine Skizze giebt.

(u) So heißt es in den päbstlichen Bannbullen.

schweigen, Christum in Vergessenheit gerathen lassen, zu ihren gewinnsüchtigen Gesetzen seinen Namen brauchen, durch ihre verdrehten Auslegungen seine Lehre verunstalten, und durch ihr fluchwürdiges Leben ihn noch einmal ermorden? Weil die christliche Kirche auf Blut gegründet, mit Blut befestiget, und durch Blut erweitert worden: so führen sie auch noch itzt das Schwerdt in der Hand; gleich als ob Christus nicht mehr lebe, die Seinigen auf seine ihm eigne Art beschützen zu können. Obgleich der Krieg etwas so grausames ist, daß er wilden Thieren, und nicht Menschen geziemt; etwas so rasendes, daß die Dichter gefabelt haben, er werde von den Furien herauf gesandt; etwas so pestartiges, daß er alle gute Sitten mit seiner verderblichen Seuche ansteckt; etwas so ungerechtes, daß die ärgsten Räuber und Mörder am besten

zu seiner Ausführung taugen; etwas so gottloses, daß er gänzlich wider die Lehre Christi ist; so setzen sie dennoch alle ihre übrigen Pflichten auf die Seite, und dürsten nach Krieg.

Man sieht so gar an schon abgelebten Greisen, wenn Krieg die Losung ist, noch so viel jugendliches Feuer, daß sie zu diesem Behuf keine Kosten scheuen, von keiner Arbeit ermüdet, und durch nichts davon abgeschreckt werden, sollten sie auch Gesetze, Religion, Frieden, ja die ganze Menschheit dadurch zu Grunde richten. (x) Dabei fehlt es nie an gelehrten Fuchsschwänzern, welche diese offenbare Raserei noch als einen lobenswürdigen Eifer, als wahre Frömmigkeit, als seltene Tapferkeit

(x) Vermuthlich hat er hier auf den Pabst Julius II. gezielt, welcher zu Anfang des sechszehnten Jahrhunderts den blutigen Krieg zwischen Maximilian I, Franz I. König von Frankreich, und der Republik Venedig anstiftete.

anpreisen, und einen Weg ausfindig zu machen wissen, wie man das Mordschwerdt ziehen, und damit in seines Bruders Eingeweiden wühlen könne, ohne dadurch die höchste Liebe, die, nach Christi Gebot, ein Christ seinem Mitmenschen schuldig ist, im geringsten zu verletzen. Hierinn bin ich noch ungewiß, ob einige deutsche Bischöffe zuerst das Beispiel hierzu gegeben, oder ob sie sich nicht vielmehr Andrer Beispiel zu Nutze gemacht, wenn sie so weit gegangen sind, daß sie Stand, Kleidung, Segen, und andre ihnen obliegende Ceremonien aus den Augen gesetzt und unterlassen, und solchergestalt sich als ordentliche Satrapen betragen haben, in dem Wahn, als sei es Trägheit und gereiche einem Bischoff zur Schande, auf eine andere Art, als auf dem sogenannten Bette der Ehren zu sterben.

Selbst

Selbst der Troß der gemeinen Priester hält
es für sehr unrecht, die Heiligkeit ihrer Prä-
laten unnachgeahmt zu lassen. Wie kriege-
risch fechten sie nicht mit Schwerdern, Spie-

sen, Steinen und allerhand Arten von Waffen
für ihre Zehenden! Wie scharfsichtig sind sie,

X

wenn sie aus alten Urkunden etwas herausklauben können, wodurch sie den gemeinen Mann zu erschrecken und zu überführen suchen, es gebühre ihnen eigentlich noch mehr als der Zehenden. Und dabei kömmt ihnen gar nicht in den Sinn, wie viel von ihrem Amte geschrieben steht, was sie dem Volke wieder dafür leisten sollen. Ihr geschorner Kopf scheint sie im geringsten nicht zu erinnern, daß ein Priester von allen Begierden dieser Welt frei seyn, und an nichts als an himmlische Dinge denken müsse. Und diese artigen Leutchen können alsdenn noch sagen, sie hätten ihr Amt vollkommen wohl verwaltet, wenn sie nur ihre Gebethformelchen so hergebrummt; worüber ich mich, weiß es Herkules! zu todt verwunderte, wenn sie nur ein Gott hören oder verstehen möchte, da sie fast selbst nichts davon hören noch verstehen, wann sie sie so durch die Zähne hermurmeln. Das aber haben die Priester mit den Laien gemein, daß sie Alle auf ihren Nutzen ein sehr wachsames Auge haben, und wenn es auf den ankömmt, in den Gesetzen nichts weniger als unerfahren sind. Giebt es aber eine Last zu tragen, so wissen sie sie sehr weislich auf fremde Schultern zu wälzen, und einer schickt sie dann dem andern wie einen Ball zu. Denn gleichwie die weltlichen Fürsten die Regierung ihren Reichsverwesern, und diese wieder ihren Statthaltern und Beamten zu übertragen geruhen; so überlassen auch sie, und zwar aus blosser Bescheidenheit die Last der Frömmigkeit dem Volke. Das Volk wirft sie wieder auf diejenigen zurück, die sie Geistliche nennen, gleich als ob es ganz und gar nichts mit der Kirche zu schaffen hätte, und nicht durch den Taufbund dazu wäre anheischig gemacht worden. Die Priester nun, die sich Weltgeistliche heissen, gerade als wenn sie sich der Welt und nicht Christo geweiht hätten, schieben diese Last auf die Ordensgeistlichen; die Ordensgeistlichen auf die Mönche; die freiern Orden auf die strengern; alle zusammen auf die Bettelmönche; und die Bettelmönche auf die Cartheuser, bei welchen allein die Gottesfurcht begraben liegt, und so versteckt begraben liegt, daß man ihrer kaum inne werden kann.

Eben so machen es auch die Päbste: sobald sie Geld einzuernden haben, so erweisen sie sich ungemein fleißig und thätig; die allzu apostolischen Arbeiten hingegen übertragen sie den Bischöffen; die Bischöffe den Pfaffen; die Pfaffen ihren Vikarien; die Vikarien den Bettelmönchen; und diese schieben sie wieder auf diejenigen zurück, welche den Schaafen die Wolle abscheeren.

Doch es ist meine Absicht hier nicht, das Leben der Päbste und der Pfaffen aufzudecken; ich möchte nicht, daß man von mir glaubte, ich habe, unter dem Verwand mir eine Lobrede zu halten, eine Satire zusammengewebt, und gute Regenten getadelt, indem ich die schlechten gelobt. Sondern ich habe das nur so kürzlich berührt, damit offenbar werde, kein Sterblicher könne ein angenehmes Leben führen, wenn er nicht unter meine Geweihten gehöre und bei mir in Gnaden stehe, denn wie sollte es anders geschehen können, da selbst Rhamnusia (y) diese Beglückerinn der Menschheit, so einstimmig

(v) Rhamnusia ist so viel als Nemesis. Sie war eine Göttinn, die das Gute belohnte und das Böse bestrafte. Sie wird verschiedentlich vorgestellt, bald mit, bald ohne Flügel, mit einer Krone auf dem Haupte von Kirschen und kleinen Viktorienbildern, mit einem Zweig in der einen, und einer Schaale in der andern Hand, und gewönlich mit einem Rade unter den Füssen.

mit mir iſt, daß ſie den Weiſen immer auſſerordentlich feind geweſen, die Narren hingegen
ſelbſt im Schlafe mit Glücksgütern überhäuft

Häk. Ihr kennt ja des Timotheus und ſeines
Namens Geſchichte (z), und die bekannten

(z) Timotheus war ein berühmter athenienſiſcher
Feldherr, der über ſeine erlangten Siege ſo ſtolz
und übermüthig wurde, daß er ſich Alles ſelbſt
zuſchrieb, weswegen ihn aber das Glück gänzlich

Sprüchwörter: er hat es wie im Schlafe bekommen: oder, er hat mehr Glück als Verstand. Bey den Weisen hingegen heißt es: er ist in einem unglücklichen Zeichen geboren, oder er hat weder Glück noch Stern. Doch ich will aufhören zu sprüchwörteln, es möchte sonst das Ansehen haben, als ob ich des

verließ, so daß er hernach in allen seinen Unternehmungen unglücklich war.

Erasmus Sprüchwörter geplündert hätte. (a) Also zur Sache. Das Glück liebt nicht weise und verständige Leute; sondern es liebt Narren und Waghälse, bei denen es heißt: frisch gewagt ist halb gewonnen. Die Weisheit macht die Menschen furchtsam und schüchtern; daher seht ihr, daß sie sich meist in Armuth, Hunger und Noth herumwinden und verachtet, ungeschätzt, und von Jedermann verlassen sind; da hingegen die Narren in Uiberfluß sitzen, zu hohen Aemtern und Ehren gelangen, und beständig in Herrlichkeit und Freuden leben.

(a) Unsers Autors Lieblingswerk waren seine Adagia, worinn er bei 5000 Sprüchwörter der Römer und Griechen erklärt hat. Holbein hat ihn also zu dieser Stelle gezeichnet, (s. p. 327.) als wenn er eben dran schriebe. Als Erasmus kurz darauf sich so jung vorgestellt erblickte, schrieb er in die alte Ausgabe, in welche Holbein alle diese Figuren gezeichnet hat, unter die Figur auf lateinisch: Hoho! wenn Erasmus noch so aussähe, so müßte er wirklich noch eine Frau nehmen.

Wenn nun Jemand es für eine Glückseligkeit hält, grossen Herren zu gefallen, und
immer um diese meine vergoldete und veredel-
steinerte Götter herum zu seyn, was wäre
ihm da schädlicher als die Weisheit? ja, was
könnte der Art Leute mehr zuwider seyn als
diese? Was würde wol ein Kaufmann, der
sich bereichern will, groß gewinnen, wenn er
der Weisheit folgte, und sich abschrecken liesse
einen falschen Eid zu thun; wenn er über
eine Lüge, worauf er ertappt worden, erröthen wollte; wenn er über Spitzbüberei und
Wucher so gewissenhaft dächte, als die Weisen?
Ist vom Anhalten um eine Ehrenstelle oder
um eine Pfründe die Rede, so wird sie gewiß
ein Esel oder ein Ochs immer eher erhalten
als ein Weiser. Seid ihr verliebt, so wißt,
daß die Mädchen, welche die Hauptpersonen
bei dieser Komödie sind, den Narren meisten-

theils von ganzem Herzen zugethan sind, und dagegen einen Weisen nicht anders fliehen und verabscheuen, als wenn er ein Skorpion wäre. Drum hat auch überhaupt Niemand gern etwas mit einem Weisen zu thun, wer ein lustiges und vergnügtes Leben führen will; weit lieber wird er sich mit jedem Stück Vieh einlassen, als mit so einem. Kurz, ihr mögt euch hinwenden, wohin ihr wollt, zu Päbsten und zu Fürsten, zu Richtern und zu Obrigkeiten, zu Freunden oder zu Feinden, zum Höchsten oder zum Niedrigsten, — ist baar Geld da, so geht Alles gut; gleich wie nun aber ein Weiser das verachtet, also pflegen sie ihn fein wieder zu verachten.

Ob nun zwar gleich meines Lobes kein Ende ist, so muß doch nothwendig meine Rede eins haben. Ich will also meine Rede schliessen, und nur noch mit wenig Worten darthun, daß es nicht an grossen Schriftstellern fehle, die mich sowol durch ihre Schriften, als durch ihre Thaten berühmt gemacht haben; man möchte sonst glauben, ich gefiele mir nur alleine; oder die Herren Kritiker möchten mir den Vorwurf machen (b), ich führe

(b) O du liebe Narrheit, weißt du hier nicht auch etwas für den Uibersetzer deiner Narrheiten,

keine Beweisstellen an. Ich will also ihrem Beispiele nachahmen, und Stellen über Stellen anführen, sie mögen nun dazu passen oder nicht.

Erstlich wird Jedermann von dem gnugsam bekannten Sprüchwort: wo das Original fehlt, ist die Kopie das beste —. vollkommen überzeugt seyn. Deswegen läßt man auch den Schulknaben mit Recht den lateinischen Vers gleich auswendig lernen, der im deutschen so viel heißt, als: dann und wann närrisch seyn, ist die größte Weisheit.

Schließt nun also selbst, was für ein grosses und vortrefliches Gut die Narrheit sei, da sogar nur ein betrüglicher Schatten von ihr, ja nur ein blosses Nachäffen, von den Gelehrten so sehr erhoben wird. Aber noch weit

wenn die Narren, die Recensenten, über ihn kommen.

aufrichtiger råth Horaz, diese glänzende und fette Sau von Epikurs Heerde (c), Narrheit mit Klugheit zu mischen; nur das ein wenig hätte er vornen weglassen können. (d)

(c) So nennt er sich in einem seiner Briefe selbst. — Zur Figur die hierher gehört, muß ich anmerken, daß Erasmus, als er ihrer ansichtig ward — Holbein dazu schrieb, und zwar mit deutschen Buchstaben, daß es Holbein lesen konnte.
(d) In einer seiner Oden sagt er: misce stultitiam consiliis brevem.

Dann sagt er wieder: es ist gar etwas angenehmes, zu rechter Zeit närrisch zu seyn; und an noch einem andern Orte: viel lieber will er für einen Narren und Dummkopf angesehen seyn, als für einen Weisen und Murrkopf.

Schon beim Homer wird Telemach, den doch dieser Dichter mit allen möglichen Lobeserhebungen ausstaffirt, bisweilen kindisch genannt (e); und Knaben und Jünglinge werden oft so von Schauspiel Dichtern geheissen, wenn sie es gut mit ihnen meinen. Nehmt die ganze heilige Iliade, was enthält sie anders als den Zorn und die Rache der thörichsten Könige und Völker.

Wie uneingeschränkt ist das Lob des Cicero, wenn er sagt: es ist Alles voll Narren. Denn

(e) ηπτιος heißt bei den Griechen jeder Knabe; aber das Wort drückt zugleich einen noch allzu kindischen und unverständigen jungen Menschen aus.

wer weiß nicht, daß je weiter sich das Gute verbreitet, desto vortreflicher es ist?

Vielleicht sind aber diese Schriftsteller bei den Christen nicht gültig? Mags! Wir wollen auch unser Lob, wenn es beliebt, auf Zeugnisse der heiligen Schrift stützen, oder gründen, wie die Gelehrten zu sagen pflegen; nur wollen wir vorher die Theologen um Erlaubniß bitten, daß sie es uns gestatten; und dann, weil wir eine Sache unternehmen, die eben nicht leicht ist, und es vielleicht zu frech seyn dürfte, die Musen abermals vom Helikon zu einer so grossen Reise aufzufordern — zumal da es eine Sache ist, die sich nicht allzu gut für sie schickt — wird es nicht unthunlich seyn zu wünschen, daß während ich hier einen Theologen vorstelle, und auf diesen Dornen einhertrete, die Seele des grossen Scotus, welche stachlichter ist als ein

Stachelſchwein oder Igel, aus ihrer Sor‑
bonne ein Weilchen in meine Bruſt herab‑
wandere; dann aber ſobald als möglich ſich
wieder weg begebe, wohin es ihr gefällig
iſt, und ſollt' es auch an den Galgen ſeyn.
Wollte der Himmel, ich könnte nur auch ein
recht theologiſches Geſicht dazu machen, und
wäre mit einem theologiſchen Gewand ange‑
than! Dabei fürchte ich auch, es möchte mich
Jemand

Jemand einer Spitzbüberei beschuldigen, als hätte ich heimlich die Schreibpulte der Herrn Magister Nosters geplündert, weil ich mich so in theologische Dinge einlasse. Doch es darf Niemanden wundern, wenn ich durch den langen und vertrauten Umgang mit Theologen etwas aufgeschnappt habe; hat doch jener dumme Priapus auch ein paar griechische Wörter gemerkt und behalten, wenn sein Herr gelesen: (f) ja, hat nicht sogar Lucians gelehrter Hahn durch seinen langen Umgang mit den Menschen die menschliche Sprache verstehen und reden lernen?

Aber laßt uns nun mit gutem Erfolg zur Sache schreiten. Gleich im ersten Kapitel

---

(f) Eine Anspielung auf ein griechisches Epigramm, worinn Priapus als ein Gartenhüter vorgestellt wird, der, wenn sein Herr im Homer gelesen, einige Worte aufgeschnappt, und sie dann sehr einfältig wieder angebracht.

schreibt der Prediger Salomo: die Zahl der Narren ist unendlich. Da er nun von einer unendlichen Zahl redet, so scheint er alle Sterblichen darunter begreiffen zu wollen, ausser etwa einige Wenigen; doch der Himmel weis, ob Jemand schon so glücklich gewesen, einen davon zu Gesichte zu bekommen. Ein noch freimüthigeres Bekenntniß legt uns Jeremias in seinem zehnten Kapitel ab, wo er sagt: Alle Menschen sind Narren worden durch ihre Weisheit. Gott allein schreibt er Weisheit zu, und dem Menschengeschlechte überläßt er die Narrheit. Weiter oben sagt er einmal: der Mensch rühme sich nicht seiner Weisheit. Ei! warum willst du denn nicht haben, daß sich der Mensch seiner Weisheit rühmen solle, du lieber Jeremias? Ih deswegen, wird er sagen, weil er keine hat. Doch ich komme auf unsern Prediger zurück. Wenn dieser ausruft: es ist Alles ganz eitel; glaubt ihr wol, daß er etwas Anders darunter verstanden habe, als was ich gesagt habe, daß nemlich das menschliche Leben nichts anders als ein Spiel der Narrheit sei? Hat er nicht dem Lobspruch des Cicero, den man hie und da mit allem Rechte wiederschallen hört, und den ich euch nur eben angeführt, diesem wahrhaften Lobspruch: es ist Alles voll Narren — dadurch seinen Beifall geben wollen? Wenn dieser weise Prediger weiter sagt: der Narr verändert sich wie der Mond, der

Weise aber bleibt beständig wie die Sonne —: will er damit etwas anders sagen, als daß das ganze menschliche Geschlecht närrisch sei, und daß Gott allein der Name eines Weisen gebühre? Denn den Mond nimmt man ja für die menschliche Natur an, und unter der Sonne versteht man Gott, den Brunnquell alles Lichts. Dazu kömmt, daß selbst Christus in seinem Evangelium sagt, es sei Niemand gut zu nennen, als allein Gott. Wenn nun also derjenige, der nicht weise ist, ein Narr ist, und derjenige den man für gut erkennt, nach der Lehre der Stoiker, auch weise ist, so folgt nothwendig daraus, daß alle Menschen Narren sind.

Abermals sagt Salomo im funfzehnten Kapitel seiner Sprüchwörter: die Narrheit ist dem Narren eine Freude; hierdurch bekennt er nun offenbar, daß das Leben ohne

die Narrheit nichts angenehmes habe. Hierher gehört denn auch das: wo viel Weisheit ist, da ist eitel Grämens, und wer viel erfährt, der muß viel leiden. Und im siebenten Kapitel sagt dieser vortrefliche Prediger nochmals: das Herz der Weisen ist im Klaghaus, und das Herz der Narren im Hause der Freuden.

Und deswegen ist es ihm nicht hinlänglich gewesen, Weisheit zu lernen, sondern er hat auch mich zu studieren gesucht. Wollt ihr mir das nicht glauben, so hört seine eigenen Worte, die gleich im ersten Kapitel seines Predigers stehen: Ich gab mein Herz drauf, daß ich lernte Weisheit, und Klugheit, und Narrheit. Bei dieser Stelle muß ich anmerken, daß es der Narrheit zum besondern Lobe gereiche, daß er sie zuletzt gesetzt hat. Der Prediger hat hier geschrieben, und ihr wißt, daß es der Rang bei den Geistlichen so mit sich bringt, daß derjenige, welcher der Würde nach der Vornehmste ist, den letzten Platz einnimmt, um auch hierinn der Vorschrift des Evangeliums treu zu bleiben. Daß aber die Narrheit vor der Weisheit den Vorzug verdiene, bezeugt jener Sittenprediger, wer er auch gewesen seyn mag, in seinem vier und vierzigsten Kapitel, ganz öffentlich; ich werde aber seine Worte warrlich nicht eher vorbringen, als bis ihr meinem Beweissatze durch schickliche und gehörige Antworten auf die Beine geholfen habt, ohngefehr wie es beim Plato diejenigen machen, die mit dem Sokrates disputiren.

Was soll man wol mehr zu verbergen suchen, das Seltene und Kostbare oder das Gewönliche und Geringe? Wie, ihr schweigt? Wenn ihr euch auch nicht hierüber auslassen wollt, so antwortet doch jenes Sprüchwort der Griechen für euch: den Wasserkrug läßt man vor der Thüre. Damit aber Niemand so ruchlos sei, es etwa zu verwerfen, so wißt, daß es Aristoteles erwähnt, der Abgott unsrer Herren Magister. Sollte Jemand von euch wol so ein Narr seyn, daß er Gold und Edelsteine auf der Strasse liegen liesse? Bei meiner Seele, ich glaub' es nicht. In den verborgensten Kabinettern verwahrt ihr sie; und da sind sie euch noch nicht einmal verwahrt genug, ihr verbergt sie noch in den geheimsten Winkeln eurer festesten Schränke; den Koth aber laßt ihr überall frei herumliegen. Wenn man also das Kostbare verbirgt, und das Geringe seinem Schicksal überläßt, so ist es ja klar, daß die Weisheit, die er zu verbergen verbietet, geringer sei als die Narrheit, die er zu verheelen befiehlt. Nun hört denn auch seine eigenen Worte: Besser ist der Mensch der seine Narrheit verheelt, als der, welcher seine Weisheit verbirgt. Ja sogar Aufrichtigkeit und Gutheit eignet die heilige Schrift einem Narren zu, da hingegen der Weise von sich glaubt, ihm könne Niemand gleich kommen. Denn so verstehe ich das, was der Prediger im zehnten Kapitel sagt: weil ein Narr närrisch ist in seinem Thun, so hält er alle Menschen für Narren. Ist nun das nicht ein Zeichen eines vortreflichen Gemüths, alle Menschen sich selbst gleich zu achten, und den Vorzug, den Jeder vor dem Uibrigen zu haben meint, mit ihnen zu theilen? Uibrigens hat sich auch dieser grosse König meines Beinamens nicht geschämt; denn er sagt selbst im dreißigsten Kapitel von sich: ich bin der größte Narr unter allen Männern.

Auch Paulus, dieser Lehrer der Völker, erkennt sich, in seinen Briefen an die Corinthier, den Namen eines Narren zu, wenn er sagt: als Narr bin ich mehr denn sie; gleich als wenn es schimpflich wäre sich an Narrheit übertreffen zu lassen.

Aber darüber räuschpern sich einige Griechischverständige, die so vielen Theologen unsrer Zeit, wie die Krähen einander zu thun pflegen, die Augen auszuhacken suchen, wenn sie mit ihren Anmerkungen den Andern einen Dunst vor die Augen machen, worunter mein Erasmus, den ich Ehrenhalber öfters erwähne, wo nicht der Erste, doch gewiß der Zweite ist. Nun das ist doch warrlich! eine recht narrenhafte Erklärung, werden sie sagen, die ist doch der Madam Narrheit würdig. Der Apostel hat unter diesen Worten etwas ganz anders verstanden, als du da träumest. Er will damit nicht sagen, daß man ihn für einen größern Narren halten solle, als die Uibrigen, sondern nachdem er gesagt: sie sind Diener Christi, und ich auch — und sich also hierinn den Uibrigen auch so prahlerisch gleichgestellt hatte, so wollte er damit sagen, daß er, wenn er prahlen wolle, im Dienst des Evangeliums nicht nur den Aposteln gleich sei, sondern sie wol noch übertreffe; und deswegen hat er das noch mehr hinzu gesetzt. Um nun das für wahr angenommen zu wissen, und doch durch diese stolzen Worte Niemandes Ohren zu beleidigen, hat er die Narrheit zum Vorwand genommen, und also dem Aergernisse dadurch vorzubeugen gesucht. Ich rede als ein Narr, sagt er; und zwar deswegen, weil er vorher gesagt, nur die Narren hätten das Privilegium, die Wahrheit zu reden, ohne Jemanden dadurch zu beleidigen oder zu ärgern."

Nun so will ichs denn diese Herren mit einander ausmachen lassen, was Paulus unter diesen Worten verstanden habe. Ich meines Theils will es hier mit den grossen, fetten und dickbäuchigen Theologen halten, die gewönlich die Angesehensten sind, und mit welchen ein grosser Theil der Gelehrten warrlich weit lieber irrte, als mit jenen Dreizünglern

einerlei Meinung ist. (g) Es macht auch kein Einziger von ihnen etwas aus dem Geschwätz dieser griechischen Krikler, so wenig als aus dem Geschwätz der Dohlen; besonders da ein

(g) Unter Dreizünglern werden Theologen verstanden, welche kraft pabstlicher Defreten die hebräische, griechische und lateinische Sprache verstehen mußten.

berüchtigter Theologe, dessen Namen ich hier weislich unterdrücke, damit sie nicht gleich mit ihren griechischen Sticheleien und Spottreden über ihn herfallen, diese Stelle recht theologisch und magistermässig erklärt, aus den Worten: ich rede als ein Thor, ich bin ja noch mehr als sie ein neues Kapitel macht, und, was er, wenn er kein grosser Dialektiker wäre, unmöglich hätte thun können, ganz anders abtheilt, und folgendergestalt erklärt: (Denn ich will seine eignen Worte anführen, und nicht nur in Forma sondern auch in Materia.) „Ich rede thöricht, das heißt, sofern ich euch thöricht scheine, wenn ich mich den Afteraposteln gleich halte, so werde ich euch noch thörichter scheinen, wenn ich mich ihnen gar vorziehe." Doch bald drauf vergißt er sich wieder, und verfällt auf etwas ganz anders.

Warum such' ich mich aber hinter dieses einzige Beispiel so ängstlich zu verschanzen? die Theologen haben ja ein eisernes Privilegium, den Himmel, das ist, die heilige Schrift, wie eine Haut auszudehnen. Selbst beim heiligen Paulus streiten ja die Worte der heiligen Schrift mit einander, die sich aber an ihrem Orte nicht widersprechen, wenn anders dem Fünfzüngler Hieronymus zu glauben ist. (h) Paulus fand zu Athen über einem Altare eine Aufschrift, die er ganz zum Beweis des christlichen Glaubens verdrehete; er ließ das weg, was seiner Sache schaden konnte, und riß nur die drei letzten Worte davon ab, nemlich: dem unbekannten Gott; und diese ließ er nicht einmal unverändert, denn die ganze Überschrift hieß: den

---

(h) Hieronymus verstand fünf Sprachen, lateinisch, griechisch, hebräisch, chaldäisch und dalmatisch.

Göttern von Asien, Europa und Afrika, den unbekannten und fremden Göttern.

Nach diesem Beispiele richten sich, glaub' ich, bisweilen auch die Herren Theologen. Wenn es nöthig ist, so streichen sie hie und da ein vier bis fünf Wörter weg, und verdrehen dann den Sinn ganz zu ihrem Vortheil; obschon weder das Vorhergehende noch Folgende zur Sache gehörte, oder ihr wol gänzlich widerspricht. Und das thun sie mit einer so glücklichen Unverschämtheit, daß sie deswegen oft von den Rechtsgelehrten beneidet werden. Was sollte ihnen auch itzt nicht gelingen, nachdem ein so grosser Mann wie — ba, ba, bald hätt' ich ihn genannt (i), wenn ich mich nicht für das verdammte Sprüch-

(i) Erasmus meint hier den Nicolaus de Lyra, der sich durch seine biblischen Commentarien so bekannt gemacht hat.

wort wie der Esel zur Leier fürchtete — aus den Worten des Evangelisten Lukas eine

Meinung herausgezwungen, die sich mit dem Sinn Christi eben sowol verträgt, als das Wasser mit dem Feuer. Denn als die äusserste Gefahr bevorstund, eine Zeit, wo brave Clienten ihren Patronen treulich beizustehen,

und

und nach Vermögen mit zu fechten pflegen, suchte Christus alles Vertraun auf dergleichen Hülfe und Beistand den Gemüthern seiner Jünger zu benehmen, und fragte sie, ob sie wol je an etwas Mangel gehabt, wenn er sie ohne Beutel, ohne Taschen und ohne Schue ausgesandt hätte? Und als sie ihm mit Nein antworteten, setzte er noch hinzu: Aber nun, wer einen Beutel hat, der nehme ihn, desselben gleichen auch die Taschen. Wer aber nicht hat, verkaufe sein Kleid, und kaufe ein Schwerd. Da nun die ganze Lehre Christi nichts anders einprägt, als Sanftmuth, Geduld und Verachtung dieses Lebens, wem sollte es wol nicht klar und deutlich einleuchten, was er in dieser Stelle meine? er will nemlich seine Abgesandten dadurch noch wehrloser machen; sie sollen nicht nur Schue und Taschen zu Hause lassen, sondern noch obendrein den Rock von sich werfen, und nackend und blos das evangelische Amt antreten, und sich mit nichts ausrüsten als mit einem Schwerd, aber nicht mit einem solchen, womit sich Strassenräuber und Mörder rüsten, sondern mit dem Schwerde des Geistes, welches bis in die innersten Falten des Herzens dringt, und alle Begierden so herausschneidet, daß nichts mehr in dem Herzen zurückbleibt als Frömmigkeit.. Aber nun hört einmal, wie jener berühmte Theolog das verdreht. Unter dem Schwerd versteht er die Vertheidigung wider die Verfolgung, unter den Taschen aber einen hinlänglichen Vorrath von Lebensmitteln: gerade als hätte Christus seine Meinung ganz geändert, und seinen vorigen Befehl deswegen widerrufen, weil es scheinen möchte, als wenn er die Prediger seines Worts eben nicht allzu königlich ausgerüstet hätte; oder als wenn er vergeſſen, daß er vorhergeſagt: ſelig ſind diejenigen, die geſchmäht, verläumdet und verfolgt werden; und ordentlicher weiſe verboten hätte, dem Uibel nicht zu widerſtreben, indem nur die Sanftmüthigen ſelig ſeien und nicht die Trotzigen; als wenn er vergeſſen, daß er ihnen die Sperlinge und Lilien zum Muſter vorgeſtellt — nun aber auf einmal haben wolle, daß ſie nicht ohne Schwerd ausgehen ſollen; daß er ihnen ſogar befiehlt ihren Rock zu verkaufen und ein Schwerd dafür zu kaufen, und lieber wolle, daß ſie nackend giengen, als ohne Schwerd wären. Wie er nun glaubt, daß unter dem Worte Schwerd alles verſtanden ſei, was zur Gegenwehr und Abwendung aller Gewaltthätigkeit gehöre, ſo verſteht er auch unter dem Beutel und den Taſchen Alles was zu des Leibes Nahrung und Nothdurft gehört; und so schickt dieser Dollmetscher und Verdreher des göttlichen Sinns die Apostel mit Lanzen, Schwerdern, Armbrüsten, Schleudern und Kanonen ausgerüstet, in alle Welt aus, Chri-

stum, den Gekreuzigten zu predigen. Ferner beschwert er sie mit Koffern, Felleisen und andern Reisegepäck, damit sie ja nicht ungegessen aus der Herberge gehen dürften. Auch ist diesem Menschen nicht eingefallen, daß Christus das Schwerd, welches er so nachdrücklich zu kaufen befohlen, bald drauf mit Schmälen wieder in die Scheide zu stecken besiehlt; daß man nirgends davon gehört, daß sich die Apostel der Schwerder und Schilde wider die Gewaltthätigkeit der Heiden bedient haben, welches sie doch gewiß gethan haben würden, wenn es Christus so gemeint hätte, wie es dieser Spitzkopf erklärt.

Es giebt noch so einen, den ich Würdenhalber nicht nennen will, und der nichts weniger als unberühmt ist; dieser macht gar aus den Zelten beim Propheten Habakuk: die Zelte des Landes Midian werden in Unordnung gerathen — die Haut des geschundenen Bartholomäus. Ich selbst war neulich bei

einer theologischen Disputation, welchen ich
denn öfters beizuwohnen pflege; da verlangte
einer zu wissen, wo es denn in der Bibel
geschrieben stünde, daß man die Ketzer mehr
mit Feuer als mit Uiberzeugung und Uiber-
führung überwinden solle. Ein alter Murrkopf, dem man es an den Augen ansehen
konnte, daß er ein Theolog war, antwortete
sehr zornig, der Apostel Paulus hätte dieses
Gesetz gegeben, als er gesagt: einen ketzeri-
schen Menschen meide, wenn er einmal und
abermal ermahnet ist. Als er nun diese
Worte einige Male nach einander wiederholte, und die Meisten sich wunderten, was
diesem Manne zugestossen seyn möchte, er-
klärte er es endlich so, einem Ketzer solle
man das Leben nehmen. (k) Einige lachten

(k) Hier ist ein Wortspiel zwischen devita und de vita;
das erste heißt vermeide, und das andere,

359

darüber, Andern aber schien diese Erklärung recht theologisch zu seyn. Da ihm aber einige widersprachen, stand endlich einer auf, wel-

<small>aus dem Leben (mit ihm). Und so erklärte dieser Theolog gegenwärtige Stelle aus der lateinischen Uibersetzung.</small>

cher der Sache auf einmal den Ausschlag geben wollte. Hört mich an, sagte er; es steht geschrieben: lasset keinen Bösewicht leben; nun ist aber ein jeder Ketzer ein Bösewicht: ergo u. s. w. Alle die zugegen waren, bewunderten nun den Scharfsinn dieses Mannes, und traten mit beiden Füssen, und noch dazu mit Halbstiefeln in seine Meinung ein. Keinem aber kam dabei in den Sinn, daß dieses Geseze die Wahrsager, Zeichendeuter und Zauberer betreffe, welche die Hebräer in ihrer Sprache Mecaschephim nennen, denn sonst müßte ja auch die Hurerei und Völlerei mit dem Tode bestraft werden.

Aber bin ich nicht eine Närrinn, daß ich mich bei solchen Dingen aufhalte, deren so unzählige sind, daß sie nicht einmal in des Chrysippus und Didymus Büchern Raum hätten? (1) Nur das will ich noch erinnern, daß, wenn diesen Lehrern des göttlichen Worts dergleichen erlaubt gewesen, man auch einer so einfältigen und geringen Theologinn als ich bin, billigermaſſen verzeihen möge, wenn ich meine Beweisſtellen nicht immer angeführt habe, wie ſichs gehört und gebührt.

Nun komme ich endlich wieder auf unſern Apoſtel Paulus zurück. „Ihr vertraget gern die Narren, ſagt er, wie er von ſich redet; und abermals: nehmt mich an als einen Thörichten; und im nemlichen Kapitel: was ich itzt rede, das rede ich nicht als im Herrn, ſondern als in der Thorheit. An einem andern Orte ſagt er wieder: wir ſind Narren um Chriſti willen." Ihr habt itzt gehört,

(1) Erſterer war ein Dialektiker und letzterer ein Grammatiker, die beide ſehr viel geſchrieben.

wie sehr dieser grosse Mann die Narrheit erhebt. Ja was noch mehr ist, er gebietet sogar die Narrheit öffentlich als eine äusserst nothwendige und sehr heilsame Sache. „Welcher sich unter euch dünket weise zu seyn, sagt er, der werde ein Narr in dieser Welt, daß er möge weise seyn." Und beim Evangelist Lucas nennt Jesus die beiden Jünger denen er sich auf dem Wege zugesellt hatte, Narren. Das aber scheint mir ein wenig sonderbar zu seyn, wenn der heilige Paulus Gott selbst einige Narrheit zuschreibt: „Die göttliche Thorheit ist weiser als die Menschen sind." Ferner ist der Kirchenlehrer Origenes ganz dawider, daß man diese Narrheit auf den Wahn der Menschen ziehen könne; dergleichen z. B. die Stelle ist: „Das Wort vom Kreuz ist eine Thorheit denen, die verloren werden."

Aber warum fahre ich immer noch ohne
Ursache so ängstlich fort, alles das mit so
viel Zeugnissen zu unterstützen? Christus sagt
ja selbst in den geheimnißvollen Psalmen zu
seinem Vater: du weißt meine Thorheit. Es
hat seine guten Ursachen, daß Gott so einen
grossen Gefallen an den Narren hat; und
vielleicht sind es die Nemlichen, welche grosse
Herren gewönlich haben. Diese können die
allzuklugen Leute nicht ausstehen, und haben
immer einen gewissen Argwohn wider sie,
wie Cäsar wider den Brutus und Cassius;
den Antonius hingegen, diesen Trunkenbold
scheute er eben so wenig als Nero den Seneka
oder Dionysius den Plato. Aber an Dummen und Einfältigen haben sie ein Wohlgefallen. So verabscheut und verdammt auch
Christus immer jene Weisen, die sich blos
auf ihre Klugheit verlassen. Paulus bekräf-

tiget dieß auf eine nichts weniger als versteckte Art, wenn er sagt: „was thöricht ist vor der Welt, das hat Gott erwählet;" und dann sagt er wieder, es habe Gott gefallen, die Welt durch Narrheit zu erhalten, da er sie durch Weisheit nicht habe wieder zurecht bringen können. Aeussert er das nicht ganz augenscheinlich, wenn er durch den Mund des Propheten spricht: „ich will zunichte machen die Weisheit der Weisen, und den Verstand der Verständigen will ich verwerfen;" ferner, wenn er Gott dankt, daß er das Geheimniß des Heils den Weisen verborgen, den Unmündigen aber, nemlich den Narren offenbart habe. Denn im griechischen steht das Wort νηπιοις, welches er den Weisen entgegensetzt (*). Hierher gehört auch, daß Christus hie und da im Evangelium wider die Pharisäer und Schriftgelehrten losziehet, und hingegen des einfältigen und unwissenden Volks sich eifrigst annimmt. Denn was ist das weh euch ihr Pharisäer und Schriftgelehrten! anders als weh euch ihr Weisen? Aber an Kindern und Unmündigen, an Weibern und an Fischern scheint er ein vorzügliches Vergnügen gehabt zu ha-

(*) S. die Note •· auf der 334 Seite.

ben. Selbst unter den unvernünftigen Thieren zieht Christus diejenigen vor, welche von der Fuchsklugheit so weit als möglich entfernt sind. Aus dieser Ursache wollte er lieber auf einem Esel reiten, ob er sich schon, wenn es ihm beliebt hätte, ohne Furcht auf dem Rücken eines Löwen hätte wagen dürfen. So fiel auch der heilige Geist in Gestalt einer Taube auf ihn herab, und nicht in Gestalt eines Adlers oder eines Geiers. Uibrigens findet man der Hirsche, Füllen und Lämmer in der heiligen Schrift gar häufig erwähnt. Dann nehmt noch dazu, daß er die Seinigen, die er zum ewigen Leben bestimmt hat, Schaafe nennt, welches doch die dümmsten Thiere unter allen sind, wie selbst aus dem Sprüchwort des Aristoteles so dumm als ein Schaaf hinlänglich zu erweisen ist; denn man sieht daraus ganz deut-

lich, daß es von der Dummheit dieses Thiers hergenommen ist, und gegen dumme und einfältige Leute als ein Schimpfwort gebraucht wird. Demungeachtet wirft sich Christus zum Hirten dieser Heerde auf, und hat gern gesehen, wenn man ihn selbst ein Lamm genennt, wie aus dem Evangelium Johan=

nis zu ersehen, wo Johannes der Täufer zu ihm sagt: Siehe! das ist Gottes Lamm; von dem in der Offenbahrung St. Johannis noch ein mehreres zu lesen ist. Was zeigt nun aber das Alles anders an, als daß die Menschen Narren sind, auch die Frommen nicht ausgenommen? Selbst Christus, ob er schon die Weisheit seines Vaters war, wurde einigermassen ein Narr, um der Narrheit der Menschen zu helfen; denn er nahm die menschliche Natur an, und wurde auch als ein Mensch erfunden, so ward er zur Sünde, daß er die Sünde der Menschen wieder gut machen konnte. Er wollte sie aber auf keine andre Weise wieder gut machen, als durch die Thorheit des Kreuzes und durch unwissende und einfältige Apostel, die er fleissig zur Narrheit ermahnt, und von der Weisheit abzuschrecken sucht, wann er sie auf das

Beispiel

Beispiel der Kinder, der Lilien, des Senfkorns und der Sperlinge verweiset, welches ja lauter dumme und sinnlose Geschöpfe sind, die ohne alle Kunst und Sorge, blos nach dem Triebe der Natur leben. Wann er ihnen ferner gebietet, darum ganz unbesorgt zu seyn, was sie vor der Obrigkeit reden und antworten müßen; wenn er ihnen untersagt, nicht nach Zeit und Stunde zu forschen, was will er wol damit anders sagen, als daß sie sich nicht auf ihre eigene Klugheit verlassen, sondern mit ganzem Herzen auf ihn vertrauen sollen. Hierher gehört auch, daß Gott, der Baumeister der Welt, bei hoher Strafe verbot, nicht von dem Baum des Erkenntnisses Gutes und Bösen zu essen; wodurch er anzeigen wollte, daß Einsicht und Weisheit ein wahres Gift für die menschliche Glückseligkeit sei. Paulus schilt daher auf das viele

Wiſſen als auf eine aufblähende und höchſt gefährliche Sache. Und der heilige Bernhard ſcheint ihm hierinn gefolgt zu haben, da er den Berg, auf welchem Lucifer ſeinen Sitz aufgeſchlagen hatte, den Berg des Wiſſens genannt. Auch dieſen Beweisgrund, daß die Narrheit den Göttern angenehm ſeyn müſſe, dürfen wir nicht unangeführt laſſen, daß den Narren ihre Fehltritte weit leichter vergeben werden als den Weiſen. Daher bitten ſie um Verzeihung, und ob ſie ſchon mit Bewußtſeyn geſündiget haben, ſo bedienen ſie ſich doch dabei der Narrheit zum Vorwand und zur Fürſprecherinn. So fleht Aaron um Abwendung der Strafe ſeines Weibes, wo ich nicht irre, im vierten der Bücher Moſis: „Ach! mein Herr, laß die Sünde nicht auf uns bleiben, damit wir närriſch gethan und uns verſündiget haben.”

So bittet auch Saul dem David sein Vergehen ab: „ Siehe, ich habe thörlich und sehr unweislich gethan." Und David selbst sucht sich bei dem Herrn auf solche Weise wieder einzuschmeicheln: „ Herr! nimm

weg die Missethat deines Knechtes, denn ich
habe sehr thörlich gethan;" und das sagt
er so, als hoffte er keine Verzeihung zu erlangen, wenn er sich nicht mit Thorheit und
Unwissenheit entschuldigte. Aber keinen stär-
kern Beweis könnten wir ausfinden, als daß
Christus, da er am Kreuze für seine Feinde
bat, keine andere Entschuldigung zu ihrem
Vortheil vorbrachte, als die Dumheit oder
Unwissenheit: „Vater vergieb ihnen, sprach
er, denn sie wissen nicht was sie thun. Auf
die nemliche Weise schreibt auch Paulus an
den Timotheus: „Darum ist mir Barmherzigkeit widerfahren, denn ich hab' es
unwissend gethan im Unglauben." Was
heißt das — ich habe es unwissend gethan —
anders, als ich habe es aus Thorheit, nicht
aus Bosheit gethan? Was will das — darum ist mir Barmherzigkeit widerfahren —

anders sagen, als, ich würde sie nicht erlangt haben, wäre nicht die Narrheit meine Fürsprecherinn gewesen? Auch der mystische Psalmist, der mir nicht am gehörigen Orte eingefallen, ist auf meiner Seite. „Gedenke nicht der Sünden meiner Jugend, sagt er, und meiner Verirrungen. Ihr seht also, was er für zwei Dinge vorschützt, nemlich seine Jugend, deren Gefährtinn ich beständig zu seyn pflege, und seine Verirrungen; ja er redet sogar von vielen, damit man die ganze Gewalt der Narrheit daraus erkennen solle.

Doch ich gerathe ins Unendliche hinein; ich will mich also kürzer zu fassen suchen. Die ganze christliche Religion scheint einigermassen mit der Narrheit verwandt zu seyn, und von der Weisheit gänzlich abzugehen. Wollt ihr Beweise davon haben, so gebt

Acht, ob nicht Kinder, Greise, Weiber und Narren am Gottesdienst und denen dabei üblichen Ceremonien weit mehr Antheil nehmen, als andere; deswegen sind sie auch immer die nächsten an den Altären, und das aus blossem Antrieb der Natur. Ferner werdet ihr wissen, daß die ersten Stifter der christlichen Religion ausserordentlich einfältig, und die abgesagtesten Feinde von den

Wissenschaften waren. Uibrigens scheint es keine grössern Narren in der Welt zu geben, als die einmal der Eifer der christlichen Religion durch und durch entzündet hat. Sie theilen ihr Haab und Gut mit, machen sich nichts draus, ob man ihnen gleich Schmach und Schande anthut, lassen sich betrügen, machen unter Freunden und Feinden nie einen Unterschied, haben einen Abscheu vor der Wollust, mästen sich von Hunger, Wachen, Thränen, Arbeiten und Verleumdungen, sind des Lebens überdrüssig, sehnen sich nach nichts mehr als nach dem Tode; kurz, sie scheinen alle gesunde Vernunft gänzlich verloren zu haben, und es ist mit ihnen, als wenn ihre Seele gar nicht mehr in ihrem Körper stäke, sondern ganz wo anders lebe. Ist nun aber das nicht offenbare Narrheit? Darf man sich dann wol noch wundern, wenn die Apostel voll süssen Weins zu seyn geschienen, und Paulus dem Landpfleger Festus als ein Rasender vorgekommen ist?

Da wir uns aber einmal an eine so wichtige Sache gemacht haben, so laßt uns nun auch erweisen, daß die Glückseligkeit der Christen, die sie mit so viel Mühseligkeit zu erlangen streben, nichts anders sei, als eine gewisse Art von Wahnsinn und Narrheit. Ich bitte euch, meine Zuhörer, rümpft nicht gleich die Nase drüber, sondern überlegt es erst reiflicher, was ich sage. Erstlich kommen die Christen mit den Platonikern darinn überein, daß die Seele mit körperlichen Banden umstrickt und gefesselt sei, und folglich durch ihre Plumpheit verhindert werde, das Wahre einsehen und geniessen zu können. Deswegen definiren sie die Philosophie als eine Betrachtung des Todes, weil sie die

Seele von den sichtbaren und körperlichen Dingen abzieht, welches der Tod ebenfalls thut. So lange nun die Seele die Organen des Körpers ordentlich gebraucht, so lange nennt man sie gesund; wann sie aber ihre Bande zerreißt, und nun nach Freiheit trachtet, und gleichsam wie auf ihre Flucht aus diesem Kerker bedacht ist — so nennt man das Wahnsinn oder Narrheit. Es mag nun Krankheit dran Schuld seyn, oder Zerrüttung in den Organen, so ist das, nach Aller Uibereinstimmung, Wahnsinn. Und doch sieht man, daß dergleichen Art Leute das Zukünftige vorhersagen, Sprachen und Wissenschaften verstehen, die sie vorher nicht kannten, und in der That ganz etwas Göttliches an sich haben. Es ist auch nicht zu zweifeln, daß es nicht daher kommen sollte, weil dadurch die Seele von der Sklaverei des

Körpers einigermaſſen befreit iſt, und nun ihre eigenthümliche Kraft zu gebrauchen anfängt. Und das iſt vielleicht auch die Urſache, wenn Leuten, die auf dem Todbette liegen, das Nemliche zuſtößt, daß ſie bisweilen, wie begeiſtert, das ſeltſamſte Zeug reden. Rührt dieß aber aus allzugroſſer Gottesfurcht her, ſo iſt es vielleicht zwar nicht die nemliche Raſerei, indeſſen iſt ſie aber doch ſo mit ihr verſchwiſtert, daß ſie ein groſſer Theil der Menſchen für die offenbarſte Raſerei halten wird, zumal da es nur ſo eine Hand voll Leutchen iſt, die in ihrer Lebensart vom ganzen übrigen Menſchengeſchlechte abgehen. Es pflegt ihnen daher zu gehen, wie es meiner Vorſtellung nach, wenn Plato's Erzehlung wahr iſt, denen gegangen iſt, die in der Höle angebunden waren, und ſich über die Schatten der Körper verwunderten; und wie alsdenn dem geschah, der aus der Höle entwischt war, und nun wieder zurückkam, und sich rühmte, wahre Gestalten gesehen zu haben, und sagte, daß sich diejenigen gewaltig irrten, welche glaubten, es gäbe ausser diesen elenden Schatten nichts weiter. Dieser Weise bemitleidete und beweinte ihre Thorheit, daß sie von einem so groben Irrthum befangen wären; und sie hingegen verlachten ihn als einen Wahnsinnigen, und warfen ihn zur Höle hinaus.

So geht es auch dem grossen Haufen; was am meisten in die Sinne fällt, das bewundert er auch am meisten, und denkt nicht dran, daß es noch ausserdem etwas giebt. Bei den Frommen hingegen ist es ganz anders, je körperlicher eine Sache ist, desto weniger machen sie sich draus; vom Anschaun

unsichtbarer Dinge aber werden sie ganz hingerissen. Jene geben dem Reichthum den ersten Rang; dann sorgen sie für eine gute Bequemlichkeit und Gemächlichkeit ihres Körpers, und wenn der befriediget ist, dann kömmt erst die Seele dran; die aber viele nicht einmal glauben wollen, weil man sie nicht mit Augen sehen kann. Die Frommen hingegen

beschäftigen sich einzig und allein mit Gott, als dem einfachsten Wesen unter allen; nach diesem, und doch in ihm, denken sie an das, was ihm am nächsten kommt, nemlich an die Seele: die Sorgfalt für ihren Körper aber vernachläßigen sie ganz und gar, und das Geld fliehen und verachten sie wie Dreck. Sind sie ja genöthiget, sich damit abzugeben, so kömmt es ihnen äusserst schwer und sauer an. „Sie haben, als hätten sie nichts, und besitzen als besäßen sie nichts."

In manchen Stücken sind sie aber sehr von einander unterschieden. Denn obgleich alle Sinne mit dem Körper in Verwandschaft stehen, so sind doch einige darunter materieller als die andern, z. B. das Gefühl, das Gehör, das Gesicht, der Geruch, und der Geschmack. Einige sind wieder mehr vom Körper abgesondert, als das Gedächtniß, der

Verstand, der Wille. Wo sich nun die Seele am meisten hinlenkt, da ist sie auch am mächtigsten. Die Seele des Frommen strebt aus allen ihren Kräften nach dem, was von den gröbern Sinnen am meisten entfernt ist, und deswegen wird sie ganz stumpf und aberwitzig. Der gemeine Haufe hingegen hat in diesen die meiste Stärke, in jenen aber vermag er so viel als gar nichts. Daher kömmt es, was einigen heiligen Männern begegnet seyn soll, daß sie statt des Weins Oel getrunken haben. (m)

Auch unter den Leidenschaften stehen einige mit dem Körper in näherer Verbindung als die übrigen; z. B. die Wollust, die Schlaf-

(m) Dieses widerfuhr dem heiligen Bernhard dem Abt zu Clairveaux. Er war einmal so sehr ins Nachdenken vertieft, daß er, als ihn dürstete, statt der Weinflasche einen Oelkrug erwischte, und wacker draus trank. Er ward es auch nicht eher inne, als bis es ihm ein Bruder sagte, daß er ja Oel tränke und keinen Wein.

lust, die Eßlust, der Jachzorn, der Hoch-
muth, der Neid: mit diesen führen die Frommen einen ewigen Krieg; der große Haufe
hingegen glaubt, er könne nicht leben ohne
sie. Dann giebt es einige, die mitten inne
stehen, und uns gleichsam wie angeboren sind,
als die Liebe der Eltern, der Kinder, der
Verwandten

Verwandten und Freunde unter einander.
Der gemeine Haufe überläßt sich ihnen in
etwas; die Frommen aber wenden Alles an,
sie aus ihrer Seele zu verbannen, außer was
etwa in dem erhabensten Theile derselben, in
dem Geiste, stecken bleibt. Sie lieben zwar
ihren Vater, aber nicht als Vater — denn
was hat er denn gezeugt als den Körper?
wiewol auch das noch Gott dem Vater zugeschrieben werden kann — sondern als einen
guten ehrlichen Mann, in dem das Ebenbild
jenes erhabenen Geistes lebt, welches sie einzig und allein das höchste Gut nennen, und
außer welchem, wie sie sagen, nichts liebens-
würdiges noch wünschenswerthes zu finden ist.
Nach diesem Maasstab messen sie denn auch
alle übrigen Pflichten dieses Lebens; wenn sie
auch nicht so schlechterdings das Sichtbare
verachten, so achten sie es doch weit geringer

als das Unsichtbare. Denn sie sagen ja, daß in den Sakramenten, wie auch bei den übrigen Ceremonien des Gottesdienstes, Leib und Geist vorhanden seien. In der Fasten rechnen sie es z. B. für nichts grosses an, wenn sich einer blos des Fleisches und andrer dergleichen Speisen enthält, was doch das gemeine Volk für ein vollkommnes Fasten hält; sondern sie fordern auch, daß man seinen Leidenschaften Gewalt anthun, und dem Zorn und Uibermuth nicht so viel einräumen solle, als man sonst zu thun pflege, damit der Geist, seiner körperlichen Last in etwas entladen, nach dem Vorschmack und Genusse himmlischer Güter trachte.

Die nemliche Beschaffenheit, sagen sie, habe es mit dem heiligen Abendmahl; ob sie gleich die damit verbundenen Ceremonien nicht so ganz verwerfen, so halten sie sie doch an und für sich eben nicht für sehr ersprießlich, sondern oben drein wol gar noch gefährlich, wenn nicht das Geistige damit verbunden wird, nemlich das, was die sichtbaren Zeichen dabei vorstellen sollen. Sie stellen aber den Tod Christi vor, und diesen müssen die Menschen, durch Bezähmung, Ertödung, und gleichsam durch Begrabung der Begierden ihres Körpers auszudrücken suchen, damit sie zu einem neuen Leben auferstehen, und sich mit ihm und unter einander vereinigen können.

Dieß nun thut der Fromme, darauf richtet er seine Gedanken. Der Pöbel hingegen glaubt, das Meßopfer sei weiter nichts, als sich bei den Altären einfinden, und zwar so nah als möglich, das Getöse von dem vielen Geplapper anhören, und andre dazu gehörige Ceremonien mit ansehen.

Aber nicht nur in diesen Fällen, wovon ich hier einige zum Beispiel angeführt habe, sondern überhaupt in seinem ganzen Leben flieht der Fromme vor solchen Dingen, die mit dem Körper in Verbindung stehen; seine Seele wird zum Ewigen, Unsichtbaren und Geistigen emporgerissen. Da nun zwischen diesem und jenem ein gar gewaltiger Contrast ist, so ist es ganz natürlich, daß einer den andern für unsinnig halten muß. Doch gebührt dieses Wort, meinen Gedanken nach, eher den Frommen als dem gemeinen Haufen.

Es wird euch das bald deutlicher werden, wenn ich, wie ich versprochen, noch kürzlich werde erwiesen haben, daß jene unendliche Belohnung nichts anders sei, als eine Art von Wahnsinn.

Fürs erste wißt, daß schon Plato so etwas ähnliches davon geträumt, wenn er sagt,

die Raserei der Liebenden sei unter allen
so am meisten beselige. Denn wer h
liebt, der lebt schon nicht mehr in sich selbst,

sondern in dem, was er liebt; und je fremder er sich wird, und je mehr er sich in dem Gegenstande seiner Liebe verliert, desto grösser ist das Entzücken, worinn er schwebt. So bald nun die Seele aus dem Körper zu wandern denkt, und ihre Organen nicht mehr gehörig braucht, so kann man das mit Recht einen Zustand von Raserei nennen. Was sollten auch sonst die Redensarten heissen: er ist nicht bei sich selbst: komm doch wieder zu dir selbst: er ist wieder zu sich gekommen?

Je vollkommner nun die Liebe ist, desto grösser ist auch die Raserei, aber auch desto glückseliger. Was kann demnach wol jenes selige Leben seyn, nach welchem fromme Seelen so sehnsuchtsvoll verlangen? — Der Geist wird den Körper verschlingen, weil er stärker ist und ihn überwunden hat; und das um so viel leichter, weil er nun gleichsam in seinem Reiche ist, und den Körper schon vormals im Leben zu einer solchen Verwandlung geschickt gemacht und verfeinert hat. Dann wird auch der Geist von jenem unendlichen Geiße, der noch unendliche Male mächtiger ist, auf eine wunderbare Art verschlungen werden; daß endlich der ganze Mensch außer sich seyn, und seine Glückseligkeit in nichts anderm bestehen wird, als daß ihm nun, außer sich selbst versetzt, von jenem höchsten Gute, welches alles an und in sich zieht, etwas unaussprechliches gewährt werden wird.

Ob nun aber gleich diese Glückseligkeit dann erst zu ihrer Vollkommenheit gelangen wird, wenn die Seelen sich wieder mit ihren vorigen Körpern vereinigen, und sie nunmehro mit Unsterblichkeit belohnt werden; so empfinden doch die Frommen, weil sie in ihrem ganzen Leben nichts anders thun, als an jenes

Leben denken, und also ihr Leben gleichsam der Schatten von jenem ist, schon hier einen Vorschmack und ein heftiges Verlangen nach dieser Belohnung. Ungeachtet das aber nur ein kleines kleines Tröpfchen gegen jenen Brunnen der ewigen Seligkeit ist, so ist es doch unendlich mehr werth, als alle sinnlichen Vergnügen dieser Welt, deren nur ein Sterblicher fähig ist, zusammen genommen.

Wie weit vortreflicher muß demnach das Geistige vor dem Materiellen, das Sichtbare vor dem Unsichtbaren seyn. Auch ein Prophet giebt diese herrliche Verheissung, wenn er sagt: es hat es kein Auge gesehen, es hat es kein Ohr gehört, und ist auch in keines Menschen Herz gekommen, was Gott bereitet hat, denen die ihn lieben.

Und diese Art von Narrheit hört nicht etwa mit Vertauschung dieses zeitlichen Lebens gegen

jenes ewige, auf, sondern sie naht sich dann
erst ihrer Vollendung. Diejenigen nun, die
einige Vorempfindungen hiervon gehabt haben
deren Anzahl aber nicht gar zu groß seyn wird
— äussern so etwas, das der Narrheit gar
nicht unähnlich ist; in ihren Reden ist oft nicht
der geringste Zusammenhang, sie reden gar
nicht mehr wie andere Menschen; sondern gerade so als wenn sie den Verstand verlohren
hätten, und dabei verzerren sie bisweilen das
Gesicht auf eine erschreckliche Art. Bald sind
sie munter, bald niedergeschlagen, bald weinen sie, bald lachen sie, und bald seufzen sie
wieder; kurz, sie sind ganz ausser sich. Kommen sie endlich wieder zu sich selbst, so sagen
sie, sie wüßten nicht, ob sie in dem Leibe,
oder ausser dem Leibe gewesen wären, ob sie
gewacht oder geschlafen hätten. Sie erinnern
sich dessen was sie gehört und gesehen, was sie

gesagt und gethan, nur so wie aus einem Nebel oder Traume; und es ist ihnen nichts als das Bewußtseyn geblieben, daß sie unendlich glückselig waren, so lange sie sich in diesem Zustand von Raserei befanden. Dann beweinen sie es, daß sie wieder zum Gebrauch ihres Verstandes gekommen sind, und wünschen nichts mehr, als daß ihr Gehirn immer von diesem seligen Wahnsinn befangen geblieben wäre. Das ist aber alles nur ein schwacher und geringer Vorschmack der ewigen Seligkeit.

Allein bald hätte ich mich vergessen; bald hätt' ich die Grenzen überschritten. Dünkt es euch, daß ich zu muthwillig gewesen, oder zu viel geplaudert habe, so bedenkt, daß es die Narrheit, daß es ein Weib gethan; und erinnert euch jenes alten griechischen Sprüchworts: Auch ein Narr spricht bisweilen etwas kluges; ihr müßtet denn meinen, daß dieß nur die Männer angehe und nicht die Weiber.

Ich sehe, ihr wartet nun auf den Schluß: aber seid ihr nicht gewaltige Narren, daß ihr da glaubt ich erinnerte mich, nach einem solchen Quodlibet, noch, was ich gesagt habe! Mais encore un moment — Es wird euch das alte Sprüchwort bekannt seyn; mit dem, der ein gut Gedächtniß hat, ist nicht gut trinken. Gebt acht, ich will euch izt noch ein neues lehren: Wer gut merkt, zu dem ist nicht gut reden.

Nun aber lebt wohl, klatschet in die Hände, schmäuset und zecht, und seid lustig und guter Dinge ihr allerseits Hochzuverehrende und werthgeschäzte Diener der Narrheit.

Dixi!

www.ingramcontent.com/pod-product-compliance
Lightning Source LLC
Chambersburg PA
CBHW030544300426
44111CB00009B/854